食用主义系列

美丽食用主义

王唯／编著

饮食美容，让美容回归到自然的、根本的美容方法上，是一种简单而不简约、既经济又有效的美容大法，天然且效用更加显著。你大可不必因为自己囊中羞涩，面对昂贵的护肤品感到沮丧。只要你愿意，一碟小菜，或许只是一根胡萝卜，甚至只是几片黄瓜，就会让你的美丽从此绽放。

江西科学技术出版社

图书在版编目(CIP)数据

美丽食用主义/王唯编著 .—南昌:江西科学技术出版社,2009.4(2013.4 重印)
(食用主义系列)
ISBN 978—7—5390—3137—8
Ⅰ.①美… Ⅱ.①王… Ⅲ.①美容—食物疗法
Ⅳ.①R247.1
中国版本图书馆 CIP 数据核字(2013)第 065911 号

国际互联网(Internet)地址:**http://www.jxkjcbs.com**
选题序号:ZK2008040
图书代码:D08063—102

美丽食用主义 王唯 编著

出版发行	江西科学技术出版社
社址	南昌市蓼洲街 2 号附 1 号 邮编:330009 电话:(0791)86623491 86639342(传真)
印刷	北京一鑫印务有限责任公司
经销	各地新华书店
开本	850mm×1168mm 1/16
字数	250 千字
印张	15
版次	2013 年 6 月第 1 版第 2 次印刷
书号	ISBN 978—7—5390—3137—8
定价	29.80 元

前 言

爱美之心，人皆有之。尤其是女性，爱美更是天性。每一位女性都希望自己拥有如花的容貌、魔鬼的身材，希望能够吸引更多的日光。

但是，姣好的容貌、标准的身材除了上天的恩赐外，更要靠后天的保养和维持。于是女性都把目光投向了化妆品，不惜重金去购买各种名贵的化妆品。但是，化妆品只能够维持一时的容貌，维持表面的美丽，相反，如使用不当会产生负面影响，加速衰老，促进容颜的老化。

其实，美丽的容颜来自于健康的身体。只有科学的饮食和科学的运动才是人体美丽的基础，才能够成就健美的身材和充满活力的精神状态。

人体是一个有机整体，“有诸内者，必形诸外”，人的容貌对于气血是否旺盛，营养是否充足最为敏感。营养充足、气血旺盛时，皮肤就光滑、柔嫩、富有弹性，面色便红润；营养不足、气血虚弱时，就会面黄肌瘦、面色无华，皮肤变得粗糙、松弛、失去弹性，易生皱纹。现代科学也认为，皮肤对营养失调十分敏感，各种营养缺乏症都会在皮肤上出现各式各样的反映。

在这快速多变、惜时如金的社会节奏中，合理的营养无疑是留住美丽、永葆青春、延缓衰老最有效、最便捷的方法。

中国的饮食文化源远流长，千百年来，人们从没有间断过从大自然的天然宝藏中寻觅、发掘美肤驻颜、健康长寿的探索，积累了丰富的经验。食物不仅是人类赖以生存的基础，更是强身健体、美容驻颜的最佳补品。

食物是维持人体生命和健康不可缺少的，来源于天然的食物，可以长期食用而不产生毒副作用，其中许多日常食品都具有较高的美容价值，既能够补充人体所需的营养，又能够使人健康美丽，而且安全可靠、方便实用。只要合理安排饮食，根据自己身体及皮肤的实际情况食用具有针对性的食品，就能够在享受美味的同时，使身体得到调补，疾病得到治疗，容貌变得美丽。

饮食美容，让美容回归到自然的、天然的美容方法上，是一种简单而不简约，既经济又有效的美容大法。其实你不需因为自己囊中羞涩，面对昂贵的护肤品而感到沮丧，只要你愿意，你就拿起身边的食材，或许只是一碟小菜，或许只是一根胡萝卜，甚至只是几片黄瓜，你的美丽将从此绽放，女性最原始的爱美之心也将从此绽放。

本书立足于饮食美容，让你从头到脚，大到面部美容，小到牙齿美容，细到保健美容，全方位地击破各个美容难关。本书重点对各个美容难关一一把脉，对症下药，既介绍了多种美容食谱，又介绍了多种天然食材美容品，让你从里到外彻底美容，让食物真正成为你的美容助手，让这本小书成为你贴心的美容顾问。

愿本书能够成为热爱生活、追求健康、追求美丽、追求时尚的朋友，书中如有不足之处，请各位专家和读者能够提出宝贵意见，以便于我们能够改进，使我们的工作做得更好。真心希望能够得到广大读者的关心和支持，也希望与读者朋友们能够交流互动。

编　者

目 录

第1章 美丽是"吃"出来的

第 2 章　吃出冰肌雪肤

第3章 吃出一双电眼

第4章　吃出皓齿红唇

第5章 美丽从“头”开始

第6章 让你的身材更完美

第7章　让美丽与健康同行

第 1 章　美丽是“吃”出来的

你的美丽　由食做主

1. 做个美丽的“蛋白质女性”

前几年流行一本书，叫做《蛋白质女孩》。作者在书中描绘出“蛋白质女孩”的形象：“她像蛋白质一样：健康、纯净、营养、圆满……不再有矿物质的冰冷、纤维质的粗糙、胆固醇的油腻、钙质的稀少”。做个“蛋白质”一样的女性，相信没有人不向往。

的确，一个女性的美丽离不开健康的体质，离不开健美的身材和充满青春活力的精神状态。而留住美丽，永葆青春，延缓衰老，健康常伴，这是人类最美好的愿望，要靠合理的营养来实现。

蛋白质是维持生命的重要物质基础，能够促进机体生长发育，供给能量，补充代谢消耗，维持毛细血管正常渗透。对于美容来说，蛋白质也是不可缺少的重要物质。

一个人的体内约存有10万种蛋白质，对于维持人体的健康有着十分重要的作用。蛋白质可以调整身体的生理机能，也是对抗病毒的抗体来源之一。对于爱美的人来说，胶原蛋白则是让皮肤、头发、指甲及肌肉拥有光泽的好帮手。

蛋白质中含有20多种氨基酸，皮肤角质层里40%都是氨基酸，氨基酸也是皮肤的天然保湿因子。如果皮肤缺少氨基酸，就会出现皱纹，变得干燥。

氨基酸中有一种叫做“胜肽”的物质，能指挥肌肤细胞发生作用，从而增加胶原蛋白生成，对于去除皱纹并提升面部轮廓，具有很重要的作用。

蛋白质中还含有一种活性物质，就是酵素，酵素由多种维生素、矿物质和氨基酸构成。酵素能够使你的皮肤变得光滑明亮，挽救暗沉、疲倦的皮肤，从而避免紫外线、环境压力和衰老对于皮肤的损害。

蛋白质中的胱氨酸、色氨酸可延缓皮肤衰老，改变皮肤的粗糙现象，胶原蛋白和弹性蛋白可使皮肤细胞丰满、肌肤充盈、皱纹减少，使皮肤变得细腻和富有弹性。

蛋白质中的胱氨酸及半胱氨酸是构成头发的主要成分。蛋白质充足可使头发乌黑发亮，光滑有弹性，不分叉、不脱发。

眼睛的一切生理功能以及新陈代谢，都离不开蛋白质。例如蛋白质与维生素A在体内能合成视素——视紫红质，缺乏视紫红质，便会引起夜盲症。

总之，人体皮肤组织中的许多活性细胞都离不开蛋白质。补充优质蛋白质，既可以调节内分泌，又可以营养细胞，增加皮肤的生理活性，营养美容、营养美发、营养美目。

成年女性每日膳食对蛋白质摄入量每千克体重不应少于1g。鸡肉、兔肉、鱼类、鸡蛋、牛奶、豆类及其制品等食物中均含有丰富营养价值的优质蛋白质，经常食用，既利于体内蛋白质的补充，又利于美容护肤。蛋白质长期摄入不足，不但影响机体器官的功能，降低对各种致病因子的抵抗力，而且会导致皮肤的生理功能减退，使皮肤弹性降低，失去光泽，出现皱纹。

2. 用脂肪营造美丽

女性对自己的体形和容貌十分敏感，为此许多女性每餐总是尽量少吃，还特别忌食富含脂肪、的食品。所以，脂肪向来是很多爱美的女性唯恐避之不及的，抱怨脂肪让自己变得如此“丰满”。更让她们烦恼的是，很多疾病都和脂肪有关，例如心脏病、高血压、糖尿病、脂肪肝都是因为脂肪引起的。很多人，尤其是爱美的女性无不“谈脂色变”。

其实，对于任何一种营养成分来说，人体的需求量都是有限的，盲目地舍弃或过多地摄取一些营养元素都是不恰当的。无论是健康还是美容，饮食均衡都是很重要的，脂肪也是如此。

脂肪并不是一个简单的名词，它是个大家族的总称，家族里的成员也是有好有坏。脂肪不仅是我们在身体表面看到的“赘肉”，它还分布在肠系膜和肾脏周围等处，而且常常因为营养状况、能量消耗等因素的改变而改变。

脂肪是人体重要的营养物质，是人体必要的构成物质，包括每个细胞膜，都基本上是由脂肪作为主要结构的。可以说，没有脂肪，便没有了人体。

人体每日需要的热量约有30%是由脂肪提供的，这些能量支撑着人体正常的生理活动。可以说，没有脂肪提供能量，我们几乎是寸步难行，更不要说跑跑跳跳做运动、生机勃勃做工作了。

但是在以骨感为美的今天，女性对于脂肪大都深恶痛绝。喝奶要低脂甚至脱脂的才喝，肉也不敢多吃一点点，看见冰淇淋，更是拼了命地直咽口水，却仍旧无情地将它们拒之“口”外。如此还不够，还要喝减肥茶吃减肥药，甚至吸脂，一副不把每一寸脂肪消灭掉就不罢休的架势。

其实，适当拥有脂肪不仅有助于女性的健美，而且对女性的身体健康和美丽大有裨益，是营造美丽的重要因素。脂肪除了对于健康有着举足轻重的作用外，还是保持皮肤细腻光洁、富有弹性的必需物质。如果缺少脂肪，则人体的毒素便不能有效地排除，令皮肤粗糙灰暗，长出各种斑、痘。

脂肪对保持女性曲线美有举足轻重的作用。其原因在于，脂肪能使皮肤丰满而不会皱缩，富于弹性而不会松软。此外，还能使皮肤光泽润滑，使身体丰满匀称而增添曲线风姿。如果缺乏脂肪，身体将呈现病态，体形消瘦、胸部扁平、皮肤松弛、骨骼轮廓特征非常显眼，与健美背道而驰。

此外，脂肪与月经息息相关。研究表明，女性脂肪至少要占体重的17%方可发生初次月经，体内脂肪至少达到22%才能维持正常的月经周期。如果女性盲目节食，抵制脂类食品，体内大量蛋白质和脂肪被耗用，造成雌激素缺乏，便不可避免地使月经初潮推迟或月经失调，严重者可发生闭经。

因此，不应忌讳食用脂肪。只是，食用脂肪要有个“度”，这个“度”便是根据人体对脂肪的需求量，既不可太多，也不可太少。一个体重50～60kg的成人，每日必需食用125～150g脂肪。在食用脂肪类食品时，注意食用适量既富含脂肪、维生素A含量又丰富的食物，如乳制品、黄油、牛肝、鱼肝等，对保持皮肤健康十分重要。

3. 糖类让你更美丽

人从一出生就离不开糖。母亲的乳汁中含有乳糖，我们每天吃的五谷杂粮中也都有糖。对于爱吃零食的女性来说，更是整天“糖”不离嘴。不过，这里所说的糖，不仅是指白糖、红糖、水果糖，也包括大米、小麦、小米、高粱、红薯、水果等食物中含的糖分。

糖类又称碳水化合物，是人体热能的主要来源，人体内总热能的60%～70%来自食物中的糖类，主要是由大米、面粉、玉米、小米等含有淀粉的食品供给。

供给能量是糖的主要功能，也是构成神经与细胞的主要成分，成人平均每日每千克体重需糖6g。虽然脂肪每单位产生的热量较糖多一倍，但饮食中糖含量多于脂肪。糖是产生热能的营养素，从而使人体保持温暖。人们常说“吃饱了就暖和了”就是这个道理。

如果糖类供应不足，就会出现低血糖，使人感到心慌无力、出汗、大脑功能障碍，人的正常生命和生活活动就不能维持；反之，如果糖类摄入过多，超过机体的需要，多余的就会在肝脏中转化为中性脂肪进入血液循环，血液中的中性脂肪大部分又转变为皮下脂肪，贮存在体内，使体重增加，导致肥胖的发生而影响体形。

在保养皮肤方面，糖最重要的功效是“保湿”，它有吸收水分的功能。而我们常听到的保湿成分“玻尿酸”、“黏多醣体”，其实也属于醣（糖的大类）的大家族之一。

另外，果酸对皮肤的好处备受肯定，但它的刺激性也让爱美的女性心生恐惧。最新研究发现，在果酸中加入糖就能降低刺激性。

还要注意一点，女性都喜欢吃水果，水果含有大量的维生素、矿物质和水分、糖类等，口感好。某些水果对一些疾病还有治疗作用，特别是一些水果含有丰富的纤维素，多吃可减少主食的摄入，所以吃水果可以预防肥胖，利于减肥。但是，有些水果中含有较高的糖分，如果吃多了，产生的多余热能照样会转变为脂肪贮存在皮下而产生肥胖。因此，吃水果也不应该过量，以免物极必反，产生肥胖。

4. 维生素，美丽的源泉

维生素是人体健康不可缺少的物质，对于人体健康有着举足轻重的作用。而且，维生素也是保持美丽不可缺少的物质，是美丽的源泉。

美丽的皮肤是人体的一面镜子。一个健康且具有良好营养的人，皮肤应是光滑、丰腴、富于弹性和光泽的；而体弱多病、营养不良的人，其皮肤则表现为苍白无光，还易生黑斑、暗疮、皱纹等，显得比同龄人衰老。研究表明，膳食中如能营养均衡，吸收足量的维生素和碳水化合物，可以健美人的肌肤。所以，各种维生素与皮肤健美有着密切的关系，有着不同的健美功效。

维生素分为脂溶性维生素（如维生素 A、维生素 D、维生素 E、维生素 K 等）和水溶性维生素（如维生素 B 族、维生素 C、叶酸等）两大类。各种维生素在美容护肤方面都有其独特的功效。

维生素 A　亦称“美容维生素”，主要作用是维持正常视觉功能，促使上皮细胞正常生长，维护上皮组织健康。可以使人的肌肤细嫩润滑、眼睛明亮，并减少皮脂溢出而使皮肤有弹性，延缓皮肤衰老。

维生素 B **类**　如果膳食中缺少维生素 B_1，除人体易感疲劳、抵抗力降低外，皮肤也易干燥并产生皱纹。每天摄入足量的维生素 B_1，可以使皮肤光滑有弹性。富含维生素 B_1 的食物有麦糠、款子、豆制品、瘦肉以及花生、动物肝脏等。摄入充足维生素 B_2，可有效防治口角炎、皮炎、皲裂、口腔溃疡、舌头红肿、粉刺、视力疲劳、角膜浑浊、阴部红肿、脱屑、毛发脱落、白内障、腹泻、贫血及白细胞生成减少等。小米、牛油、奶酪、大豆、蛋类、牛奶、动物内脏、雪里蕻、油菜、菠菜、韭菜、冬菇、银耳、黑木耳、海带、紫菜、花生、芝麻、瓜子等含丰富的维生素 B_2。维生

素B_3能改善皮肤组织的排泄，促进血液循环，可以从花生、扁豆、谷物、麦胚芽、蔬菜及新鲜水果中获取。维生素B_5有益于皮肤的神经系统，大米、豆类都含有这种维生素。维生素B_6不仅可保护皮肤，并且有美发的作用。缺乏维生素B_6易引起忧郁、悲观、急躁、乏力，补充的食品有香蕉、甜菜、胡萝卜、黄豆、马铃薯、香葱、白菜、动物内脏、谷物、鱼等。

维生素C 维生素C在体内能维持毛细血管正常渗透和结缔组织正常代谢；调节脂肪代谢，促使胆固醇转化；保护不饱和脂肪酸。它可清除毒素，促进胶原合成，具有较强的抗氧化作用，可美白肌肤、改善肤质粗糙现象，有利于排解毒素及抗老化细胞，帮助洁净皮肤，可以降低黑色素生成与代谢，因而具有保持皮肤洁白细嫩、防止衰老的功效。因为维生素C具有上述功效，所以被广泛应用在美白和抗氧化美容护肤产品之中。柑橘、葡萄、芹菜、西红柿、生菜、柿子、干果和花粉、猕猴桃等富含维生素C，多吃对于健美皮肤很有益。

维生素D 能促进钙、磷的吸收，使骨骼生长发育正常，是获得健美体形的保证。如果缺乏维生素D，会引起骨软化症，严重时可以引起手足抽搐，健美体形也随之消失。维生素D以前并不受重视，近几年来，科学家们证明它具有促进细胞的“新陈代谢”，抗老化的作用，能防止皮肤松弛、减少皱纹而保持青春的活力。

维生素E 在维生素家族中，维生素E以其独到的延缓衰老、护肤养肤及对身体健康的多种助益功能，赢得愈来愈多爱美女性的芳心。衰老是爱美女性的“天敌”，人皮脂的氧化作用是皮肤老化的主要原因之一，与之抗衡的唯一办法就是补充抗氧化剂。维生素E具有全面、高效的抗氧化作用，能保护细胞膜上的多不饱和脂肪酸免受自由基的攻击，维持细胞膜的完整性，被医学界称为“细胞保护因子”。此外，维生素E还能促进人体对维生素A的利用；可与维生素C起协同作用，保护皮肤的健康，减少皮肤发生感染；对皮肤中的胶原纤维和弹力纤维有“滋润”作用，从而改善和维护皮肤的弹性；能促进皮肤内的血液循环，使皮肤得到充分的营养与水分，以维持皮肤的柔嫩与光泽；还可抑制色素斑、老年斑的形成，减少面部皱纹及洁白皮肤，防治痤疮。因此，为维护皮肤的健美及延缓衰老，应多吃富含维生素E的食物，如豌豆油、葵花籽油、芝麻油、蛋黄、核桃、花生米、芝麻、莴笋叶、柑橘皮、瘦肉、乳类等。总之，每天摄入足够的维生素食物，对于人体健康和皮肤健美都是十分有益的。

谷维素 它是从米糠油中提取出来的一种天然物质，其成分是以三烯醇类为主体的阿魏酸酯混合物。它对植物神经中枢功能有调节和激活作用。能降低毛细血管脆性，提高皮肤毛细血管循环机能，使皮肤温度升高，四肢皮肤表面血流量增加，从而防止皮肤皲裂和改善皮肤色泽，因而被称为“美容素”。此外，谷维素还能降血脂，并含强有力的生长促进因子，有利于青少年成长。

我们平时在饮食中就可以摄取到多种维生素，它们很容易得到而且又是非常有用的肌肤保养元素。从食物中获取这些天然营养的维生素，比任何保养品还要更贴近身体需求，而且这是一种“以内养外”保养法，从体内的净化、清洁开始，让女性更加漂亮。所以，女性要多使用一些含维生素的食物，这样才能够使自己漂亮常在。

5. 微量元素　美丽元素

近几年来，对于微量元素的研究越来越深入，这些看起来毫不起眼的元素，对人体的健康却有着举足轻重的作用。

矿物质是构成人体组织和维持正常生理功能所必需的各种元素的总称，有铁、铜、碘、锌、硒、锰、钼、钴、铬、锡、钒、硅共12种。存在数量极少，在人体内含量少于0.005%的元素，被称为微量元素。它们在体内不能自行合成，必须由外界环境供给，并且在人体组织的生理作用中发挥着重要的功能，是维持人体酸碱平衡和正常渗透压的必要条件。

微量元素除了在人体健康上扮演重要角色外，更是美容不可或缺的要素。微量元素是膜细胞调节所必需的天然镇静剂，可促使皮肤代谢正常，只要皮肤的循环良好，皮肤便会呈现自然的光泽并有弹性及韧性。身体若缺乏这些微量元素，那么将缺少SOD成分，导致无法发挥抗老化、抗氧化的功能，造成肌肤没有免疫力，引起提早老化过敏的现象。

镁元素 镁是构成人体内多种酶的重要来源。镁尽管在人体中的含量微乎其微，但是缺乏镁元素，人就会精神疲惫、面黄肌瘦、皮肤粗糙，甚

至情绪不稳定，面部、四肢肌肉颤抖。女性一旦出现上述症状，就应当检查一下镁元素是否正常。如果镁元素缺乏或偏低，则可适当服用具有补镁作用的药物。无花果、香蕉、杏仁、冬瓜子、玉米、红薯、黄瓜、珍珠粉、蘑菇、柿子、黄豆、紫菜、橘子等，含有丰富的镁元素。

锌元素 锌是一个亘古流传的魔力元素，它一直是人类健康和智慧之源，更是让肌肤和秀发美丽新生的秘密。埃及艳后克利奥帕特拉，就有在富含锌元素的驴奶中沐浴的习惯，以保持自己倾城绝伦的美貌。中国女性也自古就有用珍珠粉护肤养肤的传统，淡水珍珠中丰富的锌让肌肤焕发出红润白皙的美丽光泽。锌是人体中最重要的微量元素之一，主要集中在肝和肌肉、皮肤之中。当锌缺乏时，会引起女性食欲减退、免疫功能低下、眼睛呆滞无神、皮肤粗糙易感染、贫血、视力下降、毛发枯燥，甚至引起肝脾肿大，从而导致发育缓慢。部分女性颜面痤疮、粉刺较多，也与缺乏锌元素有关。锌缺乏同样可用食补，一些动物食品，诸如牡蛎、鱼类、动物内脏、肉类、蛋都含有大量的锌元素。

铁元素 铁是人体必需的一种重要元素，起造血和在血中运输氧和营养物质的作用。铁被叫做"美容元素"，人的"红颜"即是血液中的血红素铁的表现。铁能维护皮肤的弹性，颜面美丽，减少皱纹，增加皮肤天然血色，饱满红润。如果铁质不足可导致缺铁性贫血，使人的脸色萎黄，皮肤也失去光泽。动物血、动物内脏、芝麻酱、黑木耳、蘑菇、海藻类、豆制品、海虾、海参、乌鱼、菠菜、黄豆等，均含有大量的铁元素，女性可适当增加进食量。

铜元素 人体皮肤的弹性、润泽及红润与铜的作用有关。铜和铁都是造血的重要原料。铜还是组成人体中一些金属酶的成分，组织的能量释放、神经系统磷脂的形成、骨髓组织胶原合成以及皮肤、毛发色素代谢等生理过程都离不开铜。铜和锌都与蛋白质、核酸的代谢有关，能使皮肤细腻、头发黑亮，使人焕发青春、保持健美。铜元素是头发合成黑色素必不可少的元素。人体内铜含量低于正常水平时，除引起新陈代谢紊乱和贫血外，还可使头发生长停滞、褪色和产生白发。铜缺乏时，还会引起女性皮肤干燥粗糙、头发干枯、面色苍白、免疫力下降，甚至影响日后的生育功能。含铜丰富的食物有动物内脏类、虾、蟹、贝类、瘦肉、乳类、大豆及硬果类等。

碘元素 碘在人体的主要生理功能为构成甲状腺素，调节机体能量代谢，促进生长发育，维持正常的神经活动和生殖功能；维护人体皮肤及头发的光泽和弹性。碘缺乏，可导致甲状腺代偿性肥大，智力及体格发育障碍。皮肤多皱及失去光泽。含碘丰富的食物有海带、海参、海鱼、紫菜、海蜇、海米、蛤、等海产品。

硒元素 硒在人体主要分布于肝、肾，其次是心脏、肌肉、胰、肺、生殖腺等。硒不仅是维护人体健康，防治某些疾病不可缺少的元素，而且是一种很强的氧化剂，对细胞有保护作用，对一些化学致癌物有抵抗作用；能调节维生素 A、维生素 C、维生素 E，增强人体的抵抗力；保护视觉器官功能的健全，改善和提高视力。硒元素对于美容很有帮助，能使头发富有光泽和弹性，使眼睛明亮有神。它还能够帮助细胞代谢，减少毛孔堵塞的几率，刺激免疫球蛋白及抗体的产生，提高皮肤的免疫能力。含硒丰富的食物有小麦、小麦胚粉、小米、玉米、甜薯干、西瓜子、鱼类、蛋类、豆荚类等。

铬元素 铬广泛存在于人体组织中，虽然含量甚微，却是人体不可缺少的物质。其中骨骼、皮肤、脂肪、肾上腺、大脑和肌肉中含量相对较高。铬对核蛋白代谢有一定作用；能抑制脂肪酸和胆固醇的合成，影响脂类和糖类的代谢；能促进胰岛素的分泌，降低血糖，改善糖耐量。缺乏铬最常见的表现是引起动脉硬化症；老年人缺铬易患糖尿病和动脉硬化；女性妊娠期缺铬可引起妊娠期糖尿病。正常人缺铬可出现皮肤干燥无华、皱纹增加，头发失去光泽和弹性。铬的主要食物来源是谷类、豆类、瘦肉类、酵母、啤酒、干酪、动物内脏、红糖等。鲜葡萄和葡萄干中含铬最多，有“铬库”之称。食物加工越细，含铬越少，精制食品中几乎不含铬。所以，为补充铬元素，应多吃粗粮。

钙元素 钙是人体含量最多、需要量最大的矿物质，99%存在于骨骼与牙齿内，其余1%的钙虽然量不多，但分散在全身各处，负责维持神经传导、肌肉收缩、血液凝固、心脏跳动、细胞膜讯号传递等生理功能。钙是脂肪酶活性的必要因子，充足的钙质，特别是乳制品当中的钙，是维持脂肪分解的重要因素。所以，女性想瘦身绝对不能缺少钙。钙具有调节神

经系统兴奋性的作用，可以让女性保持沉稳而安详的精神状态，远离急躁和焦虑，拥有温婉的性情和从容的气质。钙对于女性，其作用不仅仅是增强骨骼，还可以减缓年龄增大带来的骨骼疏松症。含钙量丰富的食物有虾皮、牛奶、芝麻酱、乳类、豆类及其制品、黄鱼、鱼骨、动物骨、黑芝麻、扁豆、豌豆、毛豆、雪里蕻、油菜等。

磷元素　磷在体内的主要生理功能是构成骨骼及牙齿的主要成分之一，参与人体内细胞核蛋白的构成，参与体内蛋白质、脂肪及糖类的代谢反应。B族维生素（维生素 B_1、维生素 B_6 等）只有经过磷酸化，才具有活性，发挥辅酶作用；组成体内多种酶并有维持血液酸碱平衡的作用等。体内磷缺乏，也可导致佝偻病、骨骼钙化等，影响人体健康。含磷丰富的食物有黄豆、黑豆、赤豆、蚕豆、花生、芝麻、核桃、鸡蛋黄、鸡肉、瘦猪肉、瘦羊肉、螃蟹、大米、小米、高粱米等。

在人体的新陈代谢过程中，每天都有一定数量的微量元素通过粪便、尿液、汗液等途径排出体外，因此必须通过饮食予以补充。

只要长期坚持科学平衡膳食，每天摄入多样化的食物，不挑食、不偏食，是不易发生营养缺乏的。

6. 膳食纤维带来别样美丽

膳食纤维曾被认为是对人体不起营养作用的一种非营养成分，又被称为粗纤维。营养学家曾经认为粗纤维吃多了会影响人体对营养素尤其是微量元素的吸收。近年来的研究发现，这种毫无益处的“非营养素”与人体健康密切相关。研究表明，膳食纤维是一种复杂的混合物的总称，具有促进通便、降低血中胆固醇、降低血糖的生理效果。所以，膳食纤维与蛋白质、脂肪、碳水化合物、维生素、矿物质和水一同被列为重要的具有营养作用的物质，被称为“人体的第七大营养素”。

膳食纤维对人的皮肤保健、美容有着特殊的生理作用。膳食纤维可维持胃肠正常活动，调节营养平衡，从根本上起到护肤美容的作用。

医学研究表明，膳食纤维能与肠腔内的胆汁相结合，促使胆汁酸排泄，从而加速血脂、血胆固醇在肝脏中的降解，使血浆中的血脂和胆固醇浓度降低，从而达到预防脂溢性皮炎、眼睑黄瘤以及脂质沉着征等损容性皮肤病的发生。

如果血压过高，动脉血管发生粥样硬化，那么体表的毛细血管功能也会发生障碍，使皮肤血氧供应不足而发生皮肤衰老现象，皮肤变得干燥、粗糙、无光泽。患有糖尿病的人，不仅皮肤干燥、瘙痒，而且可发生过度色素沉着或萎缩性疤痕。而膳食纤维能吸附胆固醇，并将其带出体外，降低血中胆固醇浓度，有利于维持心血管系统的功能，使血管富有弹性，保障皮肤营养的正常供应，使皮肤保持健美。

人体衰老的一项重要原因是肠原性毒素进入血液，破坏组织器官功能所致。这些肠原性毒素多数由大肠杆菌分解食物中的某些成分造成，被称为青春之大敌。膳食纤维具有很强的持水性，其吸水率为无水物的3～8倍，有的甚至高达10倍，它吸水后使肠内容物体积增大，使大便变松变软，通过肠道时会更快更省力；作为肠内异物它能刺激肠黏膜，促进肠道的收缩和蠕动，起到通便作用。

肥胖源于机体对胆固醇的过量吸收。医学研究发现，高纤维食物具有减肥效果，其作用机理有：由于高纤维食物的质地较精细食物硬一些，能充分支撑胃部，同时高纤维食物之间的间隙能像海绵一样会吸收和保持水分，使之在胃中停留时间长，使胃的饱胀感时间也长，人就不容易产生饥饿感，因而不会频繁就餐而导致摄入量过多；高纤维食物分解出来的糖比精细食物分解的糖消化吸收慢得多，能使体内血糖水平长时间维持在较高水平，使人不容易感到饥饿，不会多吃东西，因而也就不容易发生肥胖。

人体在新陈代谢过程中所产生的乳酸和尿素等有害酸性物质，一旦随汗液分泌到皮肤表层，就会使皮肤失去活力和弹性，尤其是面部皮肤会因此而变得松弛无力，遇冷或经日光暴晒后容易干裂或发炎。膳食纤维对人体的解毒作用与促进新陈代谢作用，有利人体防病保健、健美肌肤。一个人膳食纤维每天最适合的摄入量为20～25g，可选择食用粗粮、蔬菜、水果、藻类等食物。所以，膳食纤维对于保持身体健康和肌肤健美有着很好的作用。

7. 美丽女性“水”做成

《红楼梦》里说：“女性是水做的骨肉”。由此可见，水对于女性有着非比寻常的作用。水是生命之源，生活中最不可缺少的是水，想要拥有靓丽容颜，尤其不能缺水。水和女性一样，看来无力却有持久的力量改变生命的状态。水一样的女性温柔而不柔弱，像水一样滑过，欢快而充满活力。

很多美容专家、护肤专家以至化妆师都极力推崇水的美容效果，都说“水是使皮肤健康的万灵丹”。影视界的女明星们更是极力宣扬“水是令肌肤美丽的唯一途径”，可见水对身体和皮肤益处之大。

水是构成生物机体的重要物质。人体的所有组织都含有水，如血液的含水量为90%，肌肉的含水量为70%，坚硬的骨骼中也含有22%的水分。水对人类生存的重要性仅次于氧气。如果没有水，任何生命过程都无法进行。

从美容方面来说，水号称是“美容的甘露”。水是保持皮肤清洁、滋润、细嫩而又廉价的美容剂。在皮肤内的滋润作用不亚于油脂对皮肤的保护作用，体内要有充足的水分，才能使皮肤丰腴、润滑、柔软，富有弹性和光泽。水可令肌肤保持弹性和紧密；水有助调节人体内的荷尔蒙分泌，使其保持正常状态。当身体中水分不足时黑眼圈看起来会更明显，而水则可以刺激血液循环，使皮肤细胞充满水分，可令黑眼圈和眼窝不明显。

因此，女性要获得光滑细致、人人艳羡的好肤质，最好的办法就是：最大限度的运用水的功效，日常多喝水来保持身体运行正常，平时使用优质护肤品补水来配合，使肌肤达到尽善尽美的状态。而且，体内有足够的水，可减少油脂的积累，消除人体的臃肿和排泄一些废物。因此，水还是一种无副作用的持久的减肥剂。

早晨起床后先喝一杯白开水。经过一夜睡眠、尿液和不显性失水会丢失水分，使血液黏稠度增高，循环阻力增大，心脑供血不足，使人面容憔悴。饮用清水一杯可以迅速被吸收，稀释黏稠的血液，改善脏器代谢，促进血液循环，使皮肤保持鲜亮光泽，具有自然美的魅力。

喝水最好喝凉开水。凉开水被卫生保健专家誉为“复活神水”。凉开水不含热量，能够被人体直接吸收。美国医学家研究发现，煮沸后开水自然冷却到20～25℃时，溶解在其中的氯气和别的气体比一般自来水减少一半。但对人体有益的微量元素并不减少，水的表面张力、密度、黏滞度和导电性等理化特性与体内水分极为相似，具有特殊的生物活性，易透过细胞膜，可促进新陈代谢，增加血液中血红蛋白的含量，改善免疫机能，所以，经常喝凉开水的人，身体充满活力而不易疲劳。特别是凉开水通过皮肤吸收渗透，能够进入皮肤和皮下组织脂肪，使皮下脂肪呈“半液态”，皮肤也就显得柔嫩而有弹性，面部皮肤的皱纹也就容易消失或减少。

为了补充水分，还应注意多吃含水分多的蔬菜和水果，注意保持室内适宜的湿度，对皮肤美容有益。此外，不同的水还有其不同的美容功效。

1. 水中加入新鲜橙汁、番茄汁、猕猴桃汁、柠檬汁等，有助于色素斑褪色，保持皮肤张力，增强皮肤抵抗力。

2. 花粉含多种氨基酸、维生素、矿物质和酶类。而天然酶能改变细胞色素，清除雀斑、色斑。将花粉和水一起饮用，可保持皮肤健美。

3. 茶叶有抑制亚硝基化合物的致癌功能，还有防治心血管病、清肝明目、养血解毒、固齿杀菌等作用。多喝茶水能加快体液循环，及时清除皮肤排泄物，使皮肤清洁湿润。

食物是最好的美容师

1. 向蔬菜要美丽

蔬菜是人们日常生活中最常见到的食品，但也是人们最容易忽略的食品。提到健康食品，女性往往想到的是诸如苹果、猕猴桃、柑橘、西红柿之类的水果，却淡忘了营养价值高、品种繁多、价格便宜的日常蔬菜。

有些女性认为不需要吃蔬菜的理由就是因为已经吃了很多的水果，就不需要吃蔬菜了。其实，这种认识有点片面。从营养价值来说，水果和蔬菜是不能相提并论的。总体而言，蔬菜的营养素含量远远高于水果。除了芒果之外，水果的胡萝卜素含量均低于绿叶蔬菜，除了柑橘、枣、猕猴桃、山楂和草莓等，多数日常水果的维生素 C 含量也不及蔬菜。至于钙、镁、铁等元素的含量，两者也有很大的差距，两者所含的活性成分品种也不相同。因此，水果不能代替蔬菜。

通过食用和使用各种蔬菜，可以达到养颜、美体的效果。蔬菜种类繁多，营养丰富，四季不断，取材方便，并且副作用小，利用蔬菜进行美容安全简便、物美价廉，符合现代女性对美容的要求。

蔬菜蕴含着人们难以想象的健康力量，只要恰当食用，就能为女性增添美丽光彩。蔬菜不仅在营养方面一马当先，在美容上也是首选佳品。绝大部分蔬菜中都含有人们日常所需要的六大营养物质，含有丰富的维生素以及膳食纤维。这些物质能够滋润皮肤，使皮肤白净细腻，同时还能够清除体内蓄积的有毒物质，达到很好的排毒养颜的作用。

蔬菜中除含有营养元素外，还含有生物活性物质，例如番茄红素、叶绿素、生物碱以及多酚等，这些物质可以清除体内垃圾，延缓衰老过程，对于保持肌肤有很重要的作用。

蔬菜热量超低，是女性减肥期间可以放心食用的唯一食品。500g 蔬菜的热量仅有 100～150kcal，比半碗米饭的热量还要低。然而，它却可以为人体提供大量的抗污染物质，如钾、镁等矿物元素以及多种抗衰老物质，帮助女性拥有水灵灵的细腻肌肤，并能延缓衰老。

所以，爱美的女性要想长葆美丽，每天要食用一些新鲜蔬菜。新鲜蔬菜含有丰富的营养，但如果贮存和加工方法不当，这些营养成分就很容易丢失。所以，要注意贮存和加工蔬菜的方法，以减少其营养成分的丢失。

1. 最好吃新鲜蔬菜。新鲜的西红柿、圆白菜、大白菜等都含有大量的维生素 C，但是如果贮放时间较长，维生素 C 就会大量地被破坏。因此，蔬菜一次不要购买过多，最好是现吃现买，买来就吃以减少营养成分的损失。

2. 避免“精加工”。大白菜、圆白菜的外层绿叶，维生素 C 含量比“心部”高出几倍甚至十几倍，芹菜叶中的维生素 C 含量比茎部高出 7～15 倍。但有些人加工大白菜和圆白菜时偏爱将外层的绿叶扔掉，加工芹菜时将根和叶全部扔掉，只吃茎部，这就大大减少了人体摄入的维生素。

3. 最不好的烹调方法是先用开水把菜烫一遍或放在开水锅里煮软，捞出，挤出菜汁后再炒，这种做法损失维生素、矿物质较多。

4. 烹调蔬菜的时间不要太长。不要熬菜、炖菜。因为蔬菜长时间放在火上加热，会大量损失维生素 C，而用急火快炒法，则损失维生素 C 最少。

5. 蔬菜要先洗后切。蔬菜里含的多种维生素都能溶解在水里，为了保存蔬菜中的维生素和无机盐，最好先洗后切。

2. 美容常用的蔬菜

豌豆 豌豆含有丰富的维生素 A 原（胡萝卜素）。而维生素 A 原将在体内转化为维生素 A，可起到润泽皮肤的作用，不会产生毒副作用。

白萝卜 常食白萝卜可抑制黑色素形成，阻止脂肪氧化，防止脂褐质沉积，使皮肤白净细腻。另外，肠道内大肠杆菌会分解蛋白质产生有毒的

氨类物质，吸入血液后加速机体老化。而白萝卜可抑制这种不利因素，从而起到养颜益血的作用。

芦笋 芦笋富含硒，可抗衰老和防治各种与脂质过度氧化有关的疾病。

甘薯 甘薯含大量黏蛋白、丰富的维生素C、维生素A原以及多种维生素，赖氨酸含量高于大米和白面。甘薯能降胆固醇，减少皮下脂肪，补虚乏、益气力、健脾胃、益肾阳，从而有助于护肤美容。

豆芽 豆芽可以防止雀斑、黑斑，使皮肤变白。

丝瓜 丝瓜能润滑皮肤，防止皮肤产生皱纹。

黄瓜 黄瓜含纤维素能降低胆固醇，还含有丙醇二酸，抑制糖转变为脂肪。使用时，可将鲜黄瓜洗净，去瓤籽，捣烂取汁外用。

冬瓜 冬瓜含微量元素锌、镁。锌可以促进人体生长发育；镁可以使人精神饱满，面色红润。用冬瓜瓤洗脸，可以滋润皮肤，使皮肤白净。

菠菜 菠菜含有丰富的铁质，能强化人体的造血功能，它对敏感性的皮肤有很好的镇定及保护作用，尤其对治疗青春痘方面疗效显著。有一个小方法，把洗净的菠菜放入滚水中，加盖煮5～7分钟，盛出冷却后，取其汤汁洗脸，可以润泽肌肤。

胡萝卜 它又称红萝卜，是一种营养丰富、老幼皆宜的菜蔬，誉称“小人参”。胡萝卜中最负盛名的成分就是胡萝卜素。胡萝卜素被人体吸收后，可转化成维生素A，所以，胡萝卜素又叫维生素A原。维生素A能够维持人体上皮组织的正常机能，使其分泌出糖蛋白，用以保持肌肤湿润细嫩，经常食用胡萝卜，可保持光彩照人的靓丽形象。另外，胡萝卜含有芥子油和淀粉酶，能促进脂肪的新陈代谢，防止过多的脂肪在皮下堆积而发胖，保持体态健美。因此，胡萝卜被公认为是“美容菜”。

西红柿 西红柿是公认的“美容水果”，含有十分丰富的蛋白质、脂肪、碳水化合物、胡萝卜素、维生素B_1、维生素B_2、维生素C等。其中维生素C的含量相当于西瓜的10倍，简直是一个维生素的仓库。如此丰富的营养，对于美化娇嫩肌肤很有帮助，而且还能够延迟细胞衰老，使女性娇艳动人。

大蒜 大蒜又称蒜头、胡蒜等，是百姓喜爱的食品。大蒜由于含有丰富的营养素和多种活性物质，所以，它的营养保健、防病治病的功能很强。

蘑菇 蘑菇富含蛋白质、维生素，脂肪低、无胆固醇。食用蘑菇会使女性激素分泌更旺盛，能防老抗衰，使肌肤艳丽。而且蘑菇含有“驻颜王牌”，促进皮肤新陈代谢和抗衰老的抗氧化物质——硒，它有助于加速血液循环，防止产生皱纹，保持青春面容。拿三五个蘑菇放到水中浸泡一会，用浸泡后的水沐浴或按摩，都有很好的效果，直接煮来吃也是吸收营养的好方法。

3. 用水果给美丽加分

水果一向是爱美女性的宠爱之物。水果对于美容也确实有着可以说是不可替代的功效。女性想要窈窕又美丽，就要多亲近水果，和水果成为好朋友。

水果的成分为水分、糖类、维生素、矿物质和纤维质。水分约占80%～90%之间，含糖量为3%～15%。水果和其他食物比较起来，脂肪的含量相当低，很多女性减肥喜欢吃水果，就是因为水果不会产生太高的热量，而且还有饱足感的原因。

水果的纤维质为果胶物质，有益排便，还可以促进身体的代谢功能，因为水果可以增加人体的排泄和代谢，所以有益瘦身。

水果主要供给的营养素是维生素，其中以维生素C和维生素A最为重要，水果中的维生素C不像烹煮蔬菜时会大量流失，是维生素C的天然补充食品。维生素C能延缓老化，是美容不可缺的营养素。

水果属于碱性食物，能够中和体内过多的酸性物质，维持体内酸性平衡，调整汗腺的功能，减少体内分泌的酸性物质侵蚀皮肤表层，从而能够使皮肤洁白柔润、光滑细腻、富有弹性，还能够延缓皮肤衰老，从而达到美容养颜的目的。

水果还能帮助塑身，维生素C含量丰富的水果能促进身体的代谢，是减肥者可以多补充的水果。番石榴、葡萄、柑橘、葡萄柚、柠檬等富含各种维生素以及钙、磷、铁、钾、镁、锰等矿物质，能够调整人体功能，增

强细胞活力以及胃肠功能，也能够为身体的代谢增添活力，所以也要适量摄取。

水果有这么多的好处，几乎所有的女性都以吃水果作为健康养颜的不二法则。如今越来越多的化妆品品牌，也都把水果精华融入了保养品内，因为水果中富含的维生素C是对抗肌肤老化、抑制黑色素生成和促进细胞活力的有效武器，而且淡淡的水果香味，通常能让崇尚天然一点再天然一点的女性们心醉神往。

现在介绍几种生活中常见的、而且美容效果奇佳的水果，供女性参考。

葡萄 葡萄护肤品已经渐渐被人们所了解，葡萄富含维生素B_1、维生素B_2和维生素C，可以说是最有效的美容食品之一。它能很好地补充皮肤水分，容易流汗的人不妨多吃葡萄来补充肌肤中因流汗而流失掉的营养成分。用葡萄果汁来做面膜敷脸的话，应该选择表皮颜色深、味道甜的。

苹果 苹果含有丰富的有机酸，味道酸中带甜，别具风味。这些有机酸不仅可促进皮肤的新陈代谢，活化皮肤的细胞，并且能改善肌肤的肤质，达到柔润肌肤和净化斑点的效用。它还有丰富的果胶，可以帮助肠道加速排毒功效并降低热量吸收。此外，苹果的钾质也多，可以防止腿部水肿。慢慢地咀嚼有点硬度的苹果，将其成分释放出来，不仅有饱足感，而且它的热量也不高，不易使人体肥胖。

石榴 石榴中富含矿物质，并具有两大抗氧化成分——石榴多酚和花青素，还含有亚麻油酸、维生素C、维生素B_6、维生素E和叶酸。石榴中含有的钙、镁、锌等矿物质萃取精华，能迅速补充肌肤所失水分，令肤质更为明亮柔润。

凤梨 凤梨的口感酸中带甜，是有名的美颜水果，先在脸上涂一层薄薄的蜂蜜，几分钟后再敷上一层新鲜凤梨汁，或者用凤梨切片在脸上轻轻抹拭，有去角质的效果，防止毛孔堵塞，可以使肌肤光滑柔美，更加娇嫩。

猕猴桃 猕猴桃是富含维生素C的奇异果，一直是女性的最爱。它的食物纤维和钾含量位居水果之冠。它和凤梨一样，猕猴桃也含有大量的蛋白分解酵素，它和肉类菜肴搭配是最好不过的。猕猴桃还有防止便秘、帮助消化、美化肌肤的效果。

柠檬 柠檬汁之所以有酸味，是因为它含有柠檬酸，柠檬酸能够促进热量代谢，而且也有消除疲劳的功能。柠檬的维生素C含量也是众所皆知的。所以，人们通常拿来美白肌肤，它能够促进肠子蠕动，对于减肥很有帮助。

芒果 印度人早在6000年前就发现了芒果的神奇功效，芒果富含维生素A，能有效地激发肌肤的细胞活力，可以使肌肤迅速排出废弃物，重现光彩活力。

鳄梨 成熟的鳄梨对粗糙的肌肤和干枯的头发有特殊的功效，因为它的果肉富含维生素A，并含有30%的珍贵植物油脂——油酸，从中提取出来的精华成分对暴露在紫外线下而受损的皮肤有很好的治疗和美白作用。

4. 深海里的美容师

科学研究表明，要想留住青春年华，让美丽永驻，关键是运动和饮食，其中饮食尤为重要。那么怎样才能吃出一个好身体，吃出亮丽的容颜呢？据有关专家介绍，水产品食物尤其是海鲜品与皮肤黏膜的生理代谢有密切关系，经常食用深海食品，会使皮肤黏膜所需的蛋白质、氨基酸、维生素和微量元素得到补充和代谢，使皮肤持久光洁，充满活力和你形影不离。

海产品中丰富的锌可以提高身体免疫力，预防感冒，促进神经的敏锐度，还能促进蛋白质的合成，也就是在有充足蛋白质时，促进肌肉的生长，从而增强体力、恢复精神。

海产品中含有丰富的蛋白质、氨基酸、维生素以及微量元素等，经常食用海产品食物会使皮肤黏膜所需的蛋白质、氨基酸、维生素和微量元素得到补充和代谢，肌肤会变得水水嫩嫩。下面介绍几种美容护肤的海鲜品种，供女性参考。

海蜇皮 它有清热养阴润肺的作用，含水分高达88.2%，有滋润皮肤黏膜的作用。皮肤干燥的女性经常吃肌肤会变得滋润无比。而且海蜇皮里所含的铁会使肌肤更加柔滑。

海带 它是最常见的海产品，其味咸性寒，有软坚补血、润肠通便、营养头发的作用。海带含有海藻胶、蛋白质及较多的粗纤维，有润肤的作用。海带中的矿物质极为丰富，常食用能预防骨质疏松症和贫血症，使人骨骼挺拔壮实、牙齿坚固洁白、容颜红润娇嫩，变得更健美。海带中的碘极为丰富，还含有铁、钠、镁、钾、钴、磷、甘露醇和维生素B_1、维生素B_2、维生素C等物质，这些营养物都对美发大有好处。因此，女性常吃海带，对头发的生长、润泽、乌黑、光亮都具有特殊的功效。

带鱼 它含有较多的蛋白质和不饱和脂肪酸，清代《随息居饮食谱》一书中就说其有"暖胃、补虚、泽肤"等作用。它的蛋白质细腻易于吸收，其不饱和脂肪酸有利于血管疏通，对润肤非常有利。

海参 它为传统"海味八珍"之一，富含蛋白质、氨基酸、维生素、微量元素，胆固醇含量几乎为零。它能够滋阴养血、滋阴润燥、养颜润肤，经常食用，可使面部肌肤细腻、光润。常食海参不仅能驻颜美容、抗衰老，还可增强机体免疫力。

牡蛎肉 它肥美爽滑、味道鲜美、营养丰富，素有"海底牛奶"的美称。牡蛎肉由于味鲜美、营养全，兼能"细肌肤，美容颜"及降血压和滋阴养血、健身壮体等多种作用，因而被视为美味海珍和健美强身食物。在诸多的海洋珍品中，许多人唯独钟情于牡蛎。西方人称其为"神赐魔食"，日本人则称其为"根之源"，还有"天上地下牡蛎独尊"的赞美诗句。

鱼鳔 鱼鳔素有"海洋人参"之誉。在我国食用鱼鳔有悠久的历史，北魏贾思勰《齐民要术》中就有把石首鱼鳔进行加工食用的记载。鱼鳔能增强肌肉组织的韧性和弹力，增强体力、消除疲劳和滋润皮肤，使皮肤细腻光润，避免枯燥干裂等。

海产品独特的美容效果，会使女性更加美丽。女性在美容的时候，不要忘记了海洋中的这些"美容师"！

5. 肉类也美容

肉类好像是爱美的女性敬而远之的食品，好像一沾肉就会失去自己傲人的身材一样。于是时常在满足口腹之欲和追求傲人身材之间左右摇摆，鱼与熊掌不知道如何取舍，其实，这是对于肉类的误解。如果科学进食，肉类也美容，肉类同样会为你的美丽加分！

打造傲人身材虽然是每一个人的追求，但是一味地节食并不可取，应适当注意补充身体所需的营养成分。也应该吃点蛋白质、脂肪，否则身材是标准了，体质却差了，成了一个典型的“林妹妹”。所以，饮食中肉类也是必不可少的。

肉类除了能适当补充人体所需的蛋白质和脂肪外，在美容方面也具有美肤、保持身材的功效。适量补充肉类，不会因此长胖，却会因此让皮肤变得更好。如猪蹄中含有丰富的胶原蛋白，而胶原蛋白是人体内含量最丰富的蛋白质，也是保持皮肤弹性的重要物质；猪肉性味甘、咸、平，除了补益气血，对女性来说还有养阴润燥之功效；猪肝是补血佳品，弥补了女性天生的供血不足，促进血液循环，让皮肤更加红润有光泽。

其实，女性吃肉不一定就会胖，只要食用方法正确，尽量吃瘦肉少吃肥肉，那么就可以轻松拥有丰富的维生素、矿物质、蛋白质等，这样就不怕营养不均衡了。烹调时直接煎炒或油炸的肉食用后容易摄取过多的热量，而直接用水煮可以比煎炒油炸出来的肉减少将近一半的热量。例如以下这些肉就对于爱美的女性就很适合食用。

兔肉　兔肉与一般畜肉的成分有所不同，其特点是：含蛋白质较多，含脂肪少，含有丰富的卵磷脂，含胆固醇较少，每 100g 含胆固醇只有 83mg。由于兔肉含蛋白质较多，营养价值较高，含脂肪较少，是肥胖者比较理想的肉食。

牛肉　牛肉的营养价值仅次于兔肉，也是适合于肥胖者食用的肉类。每 100g 牛肉含蛋白质 20g 以上，牛肉蛋白质所含的必需氨基酸较多，而且含脂肪和胆固醇较低，因此，特别适合肥胖者和高血压、血管硬化、冠心病和糖尿病患者适量食用。

鱼肉　一般畜肉的脂肪多为饱和脂肪酸，而鱼的脂肪却含有多种不饱和脂肪酸，具有很好的降胆固醇作用。所以，肥胖者吃鱼肉较好，既能避免肥胖，又能防止动脉硬化和冠心病的发生。

鸡肉　每 100g 鸡肉含蛋白质高达 23.3g，脂肪含量只有 1.2g，比各种畜肉低得多。所以，适当吃些鸡肉，不但有益于人体健康，也不会引起

肥胖。

猪蹄 用猪皮和猪蹄进行美容在中国已经有上千年的历史，张仲景在《伤寒论》中就记载猪皮和猪蹄具有“和气血、润肌肤、可美容”的功效。猪蹄中含有丰富的胶原蛋白，能促进皮肤吸收和储存水分，防止皮肤皱纹，延缓肌肤衰老。

猪肉 猪肉营养全面，除了蛋白质、脂肪等主要营养成分外，还含有丰富的矿物质钙、磷、铁、硫胺素、核黄素和尼克酸等。而且肉中还含有血红蛋白，不仅起到补铁的作用，促进血液循环，还可以保持身体皮肤红润光泽，改善缺铁性贫血的症状。

猪肝 猪肝含有丰富的营养成分及矿物质钙、磷、钾、铁等，具有显著的保健功效，是理想的补血佳品。每日食用 50g 猪肝，能促进肌肤血液循环，使肤色健康红润，其所含的维生素 C 和微量元素硒，有抗氧化、防止皮肤衰老的功效，是女性保持皮肤肤色红润的良好选择。

6. 中药让肌肤更娇美

中国崇尚中医美容健身的历史悠久，早在殷商时期，就会用红蓝花汁凝脂妆饰，称“燕支”，即今之胭脂。无论是“日啖荔枝三百粒”的杨贵妃，还是身轻如燕的赵飞燕，都很注意中医调理补养，以保持娇好的身材和美丽的容颜。

中医美容，是以中医理论为基础，以具有中医特色的方法和药方为手段，通过调节脏腑功能，改善血液循环的机理，达到清洁颜面，美化肌肤、五官、毛发，消除面部瑕疵，达到维护、修复、重塑人体美的目的。

中医认为疾病引起的原因，是由于气、血、水的异常，通过察知体内“气、血、水”的异常情况，来把握整体情况。像脸上出现青春痘、便秘、口臭、皮肤干燥等这些表面原因，深究起来都是因为内在体质的变化不平衡而导致的。如果按照中医的观点，就要由内而外地进行调理，这样才能使女性拥有由内而外的美丽。

在中医看来，人体是一个有机整体，必先求整体的阴阳平衡、脏腑安定、经络通畅、气血流通。中医认为人体通过经脉、气血、津液与人体皮肤、五官、须发、四肢九窍构成一有机体，五脏六腑气血的盛衰直接关系到机体的健康和面容的容枯。五脏通过经脉、络脉、阳气阴血及津液的运动而散布体表以滋补、滋养皮肤，抗御外邪侵袭，从而保持面部红润、肌肉丰满、皮肤毛发润泽等。

脏腑强盛、气血充盈，则皮肤白皙光洁、红润，富有弹性，要达到这一点，除了平衡膳食外，还要靠中药的调整。通过补益脏腑气血，调阴阳、通经活络等中医美容手段达到增白的目的。在美容制品中，常常配以一些直接滋养肌肤增白悦颜和抗老减皱的药物。

我们把凡具有养颜悦色、祛斑洁面、增香润肤、乌须生发、固齿健身及延年抗衰等作用的中药叫做美容中药，它们多数既可内服又可外用。美容中药是中药美容术及研制各种中药美容制剂的基础。到目前为止，文献资料记载的具有美容功效的中药不下 300 种。下面介绍几种最为常用的护肤美容中药，供女性参考。

白芷　白芷味香色白，为古老的美容中药之一，市场上以其为原料的化妆品和美容品层出不穷，而“原汁原味”的白芷，其美容效果更为显著，对体外多种致病菌有一定的抑制作用，并可改善微循环，促进皮肤的新陈代谢，延缓皮肤衰老。

白芨　白芨富含淀粉、葡萄糖、挥发油、黏液质等，外用涂擦，可消除脸上痤疮留下的痕迹，让肌肤光滑无痕。能够滋润肌肤，令肌肤光滑如玉。

当归　当归能扩张皮肤毛细血管，加快血液循环。当归含丰富的微量元素，能营养皮肤、防止粗糙。可用于粉刺、褐斑、雀斑及脱发。

枸杞子　枸杞子为历代益寿美容佳品，有补肾生精、益血明目、乌发悦颜之功，也是滋润皮肤、防止皮肤老化、延长青春容颜的妙品。因此，久服枸杞子能使人面色红润，须发黑亮。

人参　人参具有大补元气的作用，服用人参可以延缓衰老、青春常驻。由于人参能改善局部皮肤的血液循环，加强皮肤营养物质的供应，促进皮肤的新陈代谢，使细胞新生，保持皮肤的光洁和滋润，因而可以起到延缓皮肤衰老的作用。

何首乌　何首乌不仅为滋补强壮佳品，也是乌发、悦颜、润泽肌肤的要药。长期服用何首乌，可使人精神焕发，面色红润而有光泽，头发乌黑而发亮。

杏仁　杏仁味苦，性温入肺，又富油脂，故能润泽皮、毛及通利气机。古人用杏仁加以炮制，自早晨蒸至中午，再以小火微烘7日，每早空腹服，久用有驻颜延年之功。

芦荟　芦荟可以说是最有名的美容中药了，其性味苦寒，具有泻火除烦、杀虫疗伤及解毒润肤之功效。天然的芦荟经常作为营养食品及美容化妆品的添加剂。近年来，国内外在医药和美容方面对芦荟研究较多，并出现了许多产品，如芦荟胶及芦荟清凉蜜等，对人体美容和健康具有显著作用。

珍珠　珍珠从古至今一直是人们喜爱的护肤驻颜美容佳品。它既可内服，也可外用。据传，清代慈禧太后就常吞服珍珠粉以驻颜美容。珍珠具有延缓衰老的作用，能使肌肤细腻、颜色红润，无皱纹。

总之，美容中药具有独特之处，因为它来自天然，又可以标本兼治，有刺激性弱及毒副作用小等多种优势，是其他化学药物和化妆品所无法替代和比拟的。

会吃让你美丽一生

1. 美丽的五大养颜规则

女性的魅力是多方原因造就的，保持平和的心态，坚持锻炼身体，对于保持美丽的容貌都是不可缺少的。然而，饮食也是一个不可忽视的因素。

饮食对与女性的魅力有着很重要的作用。一个懂得饮食之道的女性，会拥有无限的美丽，而一个不懂得饮食之道的女性，将会和美丽无缘。

美丽的饮食之道，没有一个固定的食谱，却有一定的规则可循，遵循了这些规则，就会使女性一生美丽。

不要摄取会使身体寒冷的食物　要想身体健美，就要让血液循环顺畅。因为如果新鲜的血液和养分无法送达整个身体，就无法获得健康美丽的身体。另外，身体寒冷会使血液循环缓慢，导致血液和养分的输送减慢，所以应避免摄取过多的凉食或会使身体寒冷的食物。例如莴笋、茄子、西红柿、哈密瓜、萝卜、西瓜之类。而大蒜、生姜、胡椒、辣椒等食物可以充分温热身体，促进血液循环，达到发汗作用，调味时可多使用。

不要摄取过多盐分　盐是人体健康不可或缺的食物（物质），但是如果摄取过多，不仅有害健康，而且会使女性美丽大打折扣。因此，用餐时要控制盐量。此外，还要多摄取能帮助排泄体内盐分的食物，如富含钾质的食物。

充分摄取促进脂肪和糖分代谢的维生素 B 族　腿部脂肪一旦积存就不容易减下来，加强脂肪和糖分的代谢就显得很重要，而秘诀就在维生素 B

族。维生素 B_1 可以将体内多余的糖分转换为能量，维生素 B_2 可以促进脂肪的新陈代谢。一旦维生素B族摄取不足，不仅导致肥胖，还会因容易疲倦而引起腰酸背痛等，所以，要注意均衡地摄取维生素 B_1、维生素 B_2 等。

摄取能帮助缓解便秘的纤维质 因便秘而导致肠内宿便积食，会压迫到下腹部血管和阻碍淋巴腺流通，产生腿部浮肿。因便秘未排泄出的有毒物会导致身体的二次吸收，造成体内毒素生长、代谢失衡，这也是造成青春痘、肌肤干燥的原因。

因此，女性要充分摄取食物纤维。摄取食物纤维，使转换能量速度减慢，不易形成脂肪。而且，由于食物纤维吸收水分膨胀，会增加排便量，使排泄通畅，会使女性更美丽。

充分摄取制造骨骼的钙质 拥有笔直、匀称的双腿，必须充分摄取足够的钙质。蛋白质及维生素D可增加钙质的吸收，所以，应多食用富含蛋白质及含丰富维生素D的食物。

只要在日常饮食中把握好这几项美丽规则，那么女性就会拥有健康美丽的一生。

2. 三餐美容有学问

人常说：“人是铁，饭是钢，一顿不吃饿得慌”。一日三餐不仅是一个人营养的重要来源，同时也会直接影响到一个人的美丽指数。

三餐对于美丽有着举足轻重的作用，但是许多爱美的女性就会打小嘀咕，吃得太多，会担心发胖。其中日常三餐美容还是大有学问。一般来说，想要美丽，就要做到以下几点：

三餐不缺 如何安排三餐就大有学问了，一般来说，早饭和午饭的量可以多吃一些，晚饭要尽量少吃，或以水果代替，防止消化不了的食物积存在腹部。另外，白天进食蛋白质也是必不可少的，不含脂肪的乳酪和脱脂奶等都可以食用。

果蔬为主 三餐要多吃蔬菜水果，多吃蔬菜水果一方面是为了帮助消化，另一方面也先填充肚子，免得一开始就饿得发慌，使减肥计划难以实施下去。

营养组合 蛋白质、碳水化合物、脂肪对健康同等重要，缺一不可，关键在于巧妙组合。不妨将富含油脂的食物与蔬菜组合进食，在吃米、面、马铃薯等富含碳水化合物的食物时，有意识地减少油脂的摄取，如果必须摄取，也要间隔一段时间。这样既能保证营养素摄取均衡，又有利于减肥。

巧选脂肪 爱美的女性对于脂肪总是唯恐避之不及。但是完全不吃既不可能又损害健康，所以巧妙选择是最佳的办法。据营养学家分析，脂肪分为三类：第一类可大量增加人体胆固醇含量，如猪肉、奶油、乳酪所含的脂肪；第二类对人体胆固醇含量影响甚微，如鸡肉、蛋类（胆固醇很多）、甲壳类等动物所含的脂肪；第三类是能够降低胆固醇的脂肪，如橄榄油、玉米油、大豆油所含的脂肪等。女性想要美丽，又要健康，后两类脂肪无疑是最佳的选择。

细嚼慢咽 细嚼可消耗一定的热能，研究证实，细嚼慢咽比狼吞虎咽更利于减肥。

少吃多动 有些人就是嘴馋，经常要吃一些零食，怎么办呢？一个办法是牺牲下一餐，以抵消上一餐摄入的过多热量。为了不影响健康，以牺牲晚餐为妥。一来偶尔饿一顿对身体无大碍，二来晚上入睡后消耗的热量有限。另一个办法是多运动。活动少，身体内部活动趋于缓慢，以致热能积存转化为脂肪。因此，如果不能控制饮食，那就多做运动。

如果在一日三餐中能够坚持做到这几点，那么你就等于是天天上美容院了。

3. 粗粮造就精致

“粗粮”是相对于稻米、小麦、白面等“细粮”而言的一种称呼，主要是指包括玉米、高粱、小米、荞麦、燕麦、莜麦、薯类及各种豆类等在内的杂粮。

爱美的女性总是对于粗粮抱有成见，认为多吃粗粮会影响美丽。殊不知，粗粮能够造就精致。

永远的“小妹”张艾嘉就曾提出“粗食主张”。她说：“我不刻意保

养，不吃燕窝，不动美容手术，只有一句话，早睡早起，生活正常，吃地瓜饭，烫青菜，有利排毒。这种回归农夫般的生活，是最适合我的保养方式”。这种“粗粮主张”使她身体调理得非常好，因此容光焕发，常年保持着美丽。

吃粗粮能够保持健康。吃些粗粮可以使人体的肠胃更健康，食欲更强。古话说：“五谷为养”，意思是粗粮也有丰富的营养，搭配吃对健康有利。不同品种的粮食，营养价值也不尽相同，燕麦富含蛋白质；小米富含色氨酸、胡萝卜素；豆类富含优质蛋白；高粱含脂肪酸高，还有丰富的铁；薯类含胡萝卜素和维生素C。

新鲜的糙米比精米对健康更为有利，因粮食加工得愈精细，其中的维生素、蛋白质、纤维素损失愈多。粗粮中的膳食纤维，虽然不能被人体消化利用，但能通肠化气、清理废物，促进食物残渣尽早排出体外。

粗粮还能够减肥。粗粮有减肥之功效，比如玉米。玉米中含有大量镁，镁可加强肠壁蠕动，促进机体废物的排泄，对于减肥非常有利。玉米成熟时的花穗玉米须，有利尿作用，也对减肥有利。膨化后的玉米花体积很大，食后可消除人的饥饿感，但食后含热量非常低，是减肥的绿色食品。

粗粮还有爱美的女性最为关心的美容功效。对美容来说，长期食用过细过精的食物，除了得不到必需的营养以外，还会增加牙病和便秘的可能。而便秘会使人的内火上攻，有人会因此面色潮红或面色灰暗，也有的会出现色斑。有人形容健康有三项标准，那就是吃得快、睡得快、拉得快，这“三快”促使人体健康循环，而要做到这一点，在饮食中就要增加粗纤维，刺激肠的蠕动，而粗纤维就大量存在于粗粮中。

有人说，有钱多吃“草”，是很有道理的。多吃粗粮，就像每天给体内派遣清洁工一样，皮肤就会变得细腻起来。不过，吃粗粮多了也会有害处，所以吃粗粮也要掌握正确的方法。

吃粗粮及时多喝水 粗粮中的纤维素需要有充足的水分做后盾，才能保障肠道的正常工作。一般多吃1倍纤维素，就要多喝1倍水。

循序渐进吃粗粮 突然增加或减少粗粮的进食量，会引起肠道不良反应。对于平时以肉食为主的人来说，为了帮助肠道适应，增加粗粮的进食量时，应该循序渐进，不可操之过急。

搭配荤菜吃粗粮　当我们每天制作食物时，除了顾及口味嗜好外，还应该考虑荤素搭配、平衡膳食。

4. 食之有道　美丽有理

俗话说“吃在脸上，穿在身上”，说明饮食营养的状况可以反映到脸上，面黄肌瘦说明营养不良。由此可见，饮食与美容的关系极为密切。

懂得食物科学、合理地搭配，就是最天然的美容秘方。《黄帝内经》中讲到，人的五脏健康，容颜才美。其中的奥妙就是，美丽是可以吃出来的。爱美的女性，最佳的美容方法不是靠外在的化妆品，而在于要把身体调理好，有节制地吃、有准备地吃、有选择地吃，讲究合理饮食、科学养生。

现代研究发现，合理的、科学的饮食营养，即通过平衡饮食和美肤食品，可提高皮肤细胞的新陈代谢，补充皮肤养分消耗，增强皮肤的功能，使其光泽、细嫩而富有弹性。那么，怎样才能够做到“食之有道，美丽有理”呢？

食物多样化　其实，没有一种食物可以提供人体需要的所有营养素，所以营养学家历来倡导饮食多样化。多样化就是要饮食种类多、样式多、适量食用。除了种类要多样化之外，烹饪样式也要多样化。生吃一种蔬菜可以补充维生素C，烫熟之后虽然维生素C少了，但是经过油类烹调后却有助于吸收蔬菜中的维生素B，获得均衡营养。

根据自己的身体状况进食　饮食要想达到最好的效果，就要做到有的放矢。每一个人的体质都不一样，每一种食物都有不同的作用，所以要根据自己的具体情况出发来选择饮食，而不是想要吃什么就吃什么，不然有时候就会适得其反。

遵从自然的规律　自然的规律是任何人工无法替代的，饮食美容同样没有捷径，不能一蹴而就。“春韭胜过肉，初香醉食客”，“冬吃萝卜，夏吃姜”，“入秋萝卜胜似药”。这些民间老话逐渐被淡忘，人们总是为了新奇或口福，追求一些反季节的蔬菜、水果，殊不知，这样做对于健康和美

容会造成极大的伤害。按照中医说法，"春生夏长，秋收冬藏"，每个季节都有各自特点，人体也会依据不同的季节做出一些适应性的调节。如果违反了这些自然规律，就会适得其反。所以，在饮食上也要做到遵从大自然的规律，才能够健康美丽。

了解相生相克的原理　食物和中药一样，具有四性五味，同样要注意搭配，有的搭配对健康有益无害，而有些搭配会引起食性的变化，反而对人体产生不良的影响。所以，我们不仅要对吃的食物的味道有所了解，对它的药用性也要有所了解。在饮食当中要注意相生相克以及食物食性的转变。

食物不在于贵贱　健康饮食讲的是吃对的食物，而非吃贵的食物。真正好的饮食不仅应该味道好，更要对吃食物的人有好处，不一定贵的就是好的。不是刻意去追求"天然"或者"健康"的东西，而是发现那些我们身边唾手可得的食物，加上合理的制作、均衡的营养搭配，就可以达到美容的作用。另外，还要注意宜常摄取食性平和的食物，如香菇、黑木耳、银耳、苹果等。

总之，一句话，女性的美丽就在于一贯的饮食习惯当中。只要食之有道，就能够美丽有理。

5. 素食的美丽作用

食物对美肤驻颜的作用，随食物性质的不同而异。概言之，素食可产生良性作用，而荤食可产生恶性作用。

所谓素食，简言之，即蔬菜水果、谷类等富含钠、钾、钙和镁元素的食物。因为它们在人体内经过转化，能够结合氢离子，故称为"碱性食物"。所谓荤食，即肉、蛋、禽等富含蛋白质和磷、硫、氯元素的食物。因为它们在体内经过转化，能够释放出氢离子，故称为"酸性食物"。

素食与荤食对美肤驻颜的作用之所以不同，正是基于两者各自其有的碱性与酸性。

正常情况下，人体内各种体液的酸碱度均呈弱碱性，pH 值为 7.45。这一弱碱性环境的相对恒定，是细胞进行正常代谢和维持正常兴奋性的重要条件之一。皮肤细胞对体液酸碱度的变化十分敏感。

荤食者由于经常摄入较多的酸性食物，而使体液酸化，并产生大量的尿素（蛋白质分解代谢的尾产物）和乳酸（糖类无氧氧化的中间产物），两者可直接侵蚀皮肤细胞，使之失去弹力张力，变得松弛、粗糙和无光泽。

素食者由于经常摄入较多的碱性食物，能将体内过量的酸中和，避免体液酸化，使其保持弱碱性，故而有利于皮肤的正常代谢，从而使面容和肌肤保持柔润、光洁亮丽并富于弹性。所以，女性要想美丽常驻，就要多亲近素食，远离荤食。

6. 补益五脏　美容养颜

很多女性在惋惜青春不再来的同时，也为面色无华、肌肤粗糙、斑点丛生或累累皱纹发愁。毕竟“黄脸婆”这个名称很使人扫兴。然而有办法能消除难看的黑斑吗？答案是肯定的。“黄脸婆”往往缘于五脏功能失调，再高明的美容师，恐怕也难掩其憔悴之态。

“黄脸”其实和全身有着很深的关系。中医认为“十二经脉，三百六十五络，其血气皆上注于面”，所以面部肌肤的荣润枯皱与全身气血津液盛衰都有密切相关。气血生成旺盛、津液充沛，津血正常循行于上，则面部肌肤润泽柔软；反之，气血虚弱、经脉虚竭，血不足而气又推动无力，以致使津血无法容于面部，则颜面枯槁而起皱纹。因此，要想养颜美容，首先应增强脏腑的生理功能，这样才能使容颜不衰。

补心养颜　心主血脉，其华在面。面部又是血脉最为丰富的部位，心脏功能盛衰都可以从面部的色泽上表现出来。心气旺盛、心血充盈，则面部红润光泽。若心气不足、心血亏少、面部供血不足，则皮肤得不到滋养，表现为苍白晦滞或萎黄无华。可将龙眼、莲子肉各30g，大枣30g，枸杞子10g，糯米100g，加水用大火烧沸，再改为小火慢慢煮至米粒烂透即可。常服此粥可养心补血、润肤红颜。

养肝补血　肝主藏血、主疏泄，能调节血流量和调畅全身气机，使气血平和、面部血液运行充足，表现为面色红润光泽。若肝之疏泄失职、气机不调、血行不畅、血液淤滞于面部则面色发青或出现黄褐斑。肝血不足、面部皮肤缺少血液滋养，则面色无华，暗淡无光，两目干涩，视物不清。对肝脏失调者，可将银耳10g，菊花10g，枸杞子15g，糯米100g，同放锅内，加水适量煮粥，粥熟后调入适量蜂蜜服食。常服此粥有养肝补血、明目润肤、祛斑增白之功。

益气健脾 脾为后天之本，气血生化之源。脾主肌肉，脾胃功能健运，则气血旺盛、面色红润，肌肤弹性良好；反之，脾失健运，气血津液不足，不能营养颜面，其人必精神萎靡，面色淡白，萎黄不泽。脾运障碍者取红枣10个，白术10g，茯苓30g，粳米100g，将红枣洗净剖开去核，茯苓捣碎，与粳米共煮成粥，代早餐食用。可滋润皮肤，增加皮肤弹性和光泽，起到养颜美容作用。

宣通肺气 去肺主皮毛，肺的气机以宣降为顺，人体通过肺气的宣发和肃降，使气血津液得以布散全身。若肺功能失常日久，则面生痘痘（痤疮）、肌肤干燥、面容憔悴而苍白。肺功能失常者取西洋参10g，百合30g，粳米100g，冰糖适量，将百合、粳米加水适量煮粥。粥将成时加入冰糖，稍煮片刻即可，代早餐食用。对于面容憔悴、长期神经衰弱、失眠多梦以及更年期女性的面色无华者，有较好的恢复容颜色泽及除痘的作用。

补肾填精 肾为先天之本，肾主藏精。肾精充盈、肾气旺盛时，五脏功能也将正常运行，气血旺盛、容貌不衰。当肾气虚衰时，人的容颜晦暗、鬓发斑白、齿摇发落、皱纹满面，呈现出未老先衰之态。肾功能失调引起的容颜受损，可将芝麻30g，核桃仁50g，糯米100g，同放锅内，加水适量煮粥，代早餐食用，能帮助毛发生长发育，使皮肤变得洁白、丰润。

7. 美丽加“碱”法

为什么有些人的身体皮肤看上去那么健美、充满活力，而有些人无论怎样节食、美体，身材和皮肤仍然看上去很糟糕？难道上天真得有所偏心？其实，这很可能都和身体的PH值相关。

在生命长期的进化过程中，人体形成了较为稳定的呈微碱性的内环境。正常人血液PH值应在7.4左右（7.35～7.45）。这种PH的恒定现象，叫做酸碱平衡。在人的新陈代谢过程中，维持这种酸碱平衡才能保障人体健康。也就是说，人体在处于偏碱性状态时，是最平衡、最健康的。

初生婴儿一般属弱碱性体液，但随着年纪增长，体外环境污染及体内不正常生活及饮食习惯，使体质逐渐转为酸性，体液的PH值在7.35以下，身体处于健康和疾病之间的亚健康状态，医学上称之为酸性体质者。人体体液偏向酸性时，细胞的功能就会变弱，人体的新陈代谢就会减慢，废物就不易排出，肾脏、肝脏的负担就会加重，所以酸性体质者经常会感到身体疲乏、记忆力减退、腰酸腿痛、四肢无力，还会出现头昏、耳鸣、失眠、腹泻、便秘等症状。如果不注意改善，当酸性物质在体内越来越多时，由量变引起质变，就会产生各种疾病。当人的体液PH值低于7时，就会产生重大疾病；下降到6.9时，就会变成植物人；如只有6.8～6.7时，人就会死亡。

现代人由于喜欢吃肉类食品、加工食品、油腻食品等酸性食品，所以很多都是酸性体质。世界著名医学博士，日本专家莜原秀隆提出：人体的酸性化是“百病之源”。当人体体质为弱碱性时，身体会感觉良好；相反，则常有一种疲倦感，时时觉得不舒服。

对于爱美的女性来说，酸性体质的人通常习惯于大量摄取酸性食物，当酸性食物摄取过多时，体内血液的酸度增高，血液流通的速度减慢，皮肤就会出现无光泽、毛孔粗大、粗糙、肤色暗沉、多色斑、容易长粉刺和痘痘等现象。皮肤的微循环不畅容易导致油脂分泌紊乱，从而产生痘痘、粉刺等现象。在干燥的换季季节，酸性体质的人还经常容易出现皮肤瘙痒、湿疹和过敏。

酸性体质预示着肌肤细胞存在着大量自由基，皮肤中的弹力纤维及胶原层变得较少，导致表皮细胞变得脆弱，皮肤更容易过早粗糙和老化。

酸性体质说明你的体内已经累积了很多毒素，容易造成肌肤油脂分泌旺盛，皮肤毛孔阻塞。

酸性体质使得黑色素无法正常代谢，造成黑色素沉积，因此，皮肤容易变暗，长雀斑。

酸性体质的血液偏酸，细胞代谢受阻，身体吸收养分不佳，人容易感到疲倦和精力不足，反映到皮肤和头发上，缺少弹性与光泽。

所以，想要健康美丽，就要改变这种酸性体质，不做“酸”女性，最好的办法就是用饮食来改变体质。

食物除了能够满足人体对营养的需求以外，还具有调节血液和体液酸碱度的重要作用。人们在摄取食物时，要做到酸碱平衡，就要知道食物的酸碱性。需要指出的是，具有酸味的食品不一定是酸性食品。橘子含有较为丰富的钾，所以不是酸性食品，而是碱性食品。常见食物的酸碱性可分为6种情况：

1. **强酸性** 酸乳酪、鱿鱼、米糠、麦糠等。

2. **中酸性** 鸡肉、蛋黄、猪肉、牛肉、鲤鱼、鲤鱼、鲔鱼、鱼卵、章鱼、泥鳅、干贝、牡蛎、蛤蜊、白酒、燕麦、荞麦面、花生、紫菜等。

3. **弱酸性** 大米、面粉、大麦、面包、乳酪、奶油、油炸豆腐、蚕豆、豌豆、鲍鱼、虾、啤酒等。

4. **弱碱性** 牛乳、蛋白（蛋清）、豆腐、扁豆、黄瓜、茄子、洋葱、萝卜、南瓜、竹笋、地瓜、苹果、橘子、柿子、梨、西瓜、葡萄、葡萄酒、咖啡、茶叶等。

5. **中碱性** 香菇、菠菜、白菜、大豆、红豆、芋头、葛笋、胡萝卜、百合、马铃薯、香蕉、栗子、草莓等。

6. **强碱性** 裙带菜、海带、魔芋粉、藕粉（纯）等。

为了使人体达到酸碱平衡，使血液和体液维持在弱碱性健康状态，就必须用碱性食物来调整。

科学的饮食方式应该是酸性食品与碱性食品相互搭配。若想拥有一个健康的体质，就要有一个良好的饮食习惯。酸性体质是人体大量摄入高脂肪、高蛋白、高热量食物的结果，平时尽量少吃这些食物，或者把这些食物和碱性食物搭配在一起，比如炖肉时放一些海带，烧牛肉时加一些萝卜等。

只要人们能够相信科学，养成科学的健康生活方式，合理地摄取营养，并做到酸碱平衡，就一定会减少疾病，确保身体健康，让你美丽到永远！

8. 养血让美丽升级

哪位女性不希望自己年轻漂亮，不希望自己的皮肤光洁柔润。然而，皮肤的保养是要有针对性的。如果是因为营养不足导致皮肤憔悴，便需要加强营养；如果是因为外界刺激造成皮肤粗糙，就要避免刺激。不过，很多女性并不是因为上述原因，而是身体内部的原因造成，解决的诀窍在于——养血。

血是人体最宝贵的物质之一，它内养脏腑，外濡皮毛筋骨，维持人体各脏腑组织器官的正常机能活动，使目能视、脚能步、掌能握、指能捏、神志清晰、精力充沛，这些都是血的功能。口唇红润是脾胃健康、气血充足；面色红润是心功能正常、气血旺盛畅通；精血足更是毛发生长的源泉。

血对于女性，更是重要。血是女性之本，女性以血为用。因为女性的月经、胎孕、产育以及哺乳等生理特点皆易耗损血液，所以女性相对地更容易处于血分不足的状态。女性从步入青春期始，每月通常要排出经血 60～100ml，一生中约排出 25000ml，达 25kg 以上；而且绝大多数女性都要经历怀孕、分娩、哺乳等过程，这些都与“血”结下了不解之缘。即使身体正常的女性，血液中的红细胞、血红蛋白亦较男性偏低，仅为男性的 4/5。正如《灵枢·五音五味篇》说：“妇女之生，有余于气，不足于血，以其数脱血也”。所以，女性养生保健，养血实为首务。

血既是女性的健康之本，又是美丽之本。中医学认为“妇女以养血为本”，女性在血气充足的时候，面色才会红润，皮肤才会有光泽，精力才会充沛。反之，如果血气不足，会脸色苍白、肢体无力，对形神之美产生很大的损害。血虚，则使人形神枯萎，比如视物不清而目无光彩、爪甲薄脆、口唇色淡，毛发稀疏黄软、面色萎黄、失眠多梦、记忆力下降、精神疲惫等。血淤，则使人晦暗干枯，比如面色口唇暗滞、缺乏光泽、皮肤干燥、易升色斑及黑眼圈、脱发、神情抑郁等；血热，则皮肤油腻粗糙、易生痤疮、烦躁易怒、失眠等，直接影响女性的美丽。若不善于养血调理，严重者因各器官组织功能减弱，会过早地出现颜面皱纹、头发花白，甚至

面容憔悴，早显“徐娘半老”或“老妪”之态。女性若要追求面容靓丽、身材窈窕，必须重视养血。

从中医角度看，养血是女性美容升级的重要方法。追求内外兼美的健康女性，更应该选择补血活血、由内而外的美容方法。

女性养血，要保持愉快的心情，生活规律、积极锻炼、合理膳食、均衡营养，行经期忌食生冷等。这样才能增强身体和体内造血功能，才能确保健美之躯和容颜靓丽。

而饮食对于女性养血也有着很重要的意义，切不可为追求体形美而盲目节食，使膳食营养得不到平衡供应而影响健康。女性要保持合理的饮食营养，平时多吃富含蛋白质和维生素C的食物，适当补充铁剂。因为蛋白质中的胶原蛋白能够使细胞变得丰满，从而使肌肤充盈、皱纹减少，弹性蛋白则可以使人的皮肤有弹性，而且光滑。常食西红柿及含有维生素C的山楂、橘子、鲜枣等，可抑制面部黑色素的形成，并能使沉着的色素减退或消失。一些有调补作用的药膳，如阿胶红糖糯米粥、桑葚菠菜粳米粥、莲子桂圆汤、猪肝粥、当归羊肉汤、杞子红枣煲鸡蛋等，可经常交替服食，可补血养血、调理冲任，使青春常驻。

女性还要多食用一些富含维生素A、维生素B以及微量元素铁、铜的食品。因为这些营养素都和造血功能有关，如果缺乏就会导致皮肤干燥、粗糙，甚至发生裂痕。

女性可根据自身情况，选用当归养血膏、益母草膏、养血八珍丸、归脾丸、调经脾等中成药，也可选食黑木耳煲红枣、黄芪龙眼粥、果杞大枣茶、当归炖乌鸡等补血养血食疗之品。

9. 家常补血的食物

乌骨鸡肉　乌骨鸡俗称乌鸡，肉味甘，性平，具有补血益阴、退热除烦功效。乌鸡入血调经，为妇科良药，专治女性虚劳所致的月经不调、腰膝酸软、崩中漏下、赤白带下及各种由虚亏内伤引起的妇科疾病，为补血益阴之上品。

龙眼肉　龙眼肉又称为桂圆肉，自古被视为滋补佳品。龙眼肉性味甘平，无毒，人心、脾经，具有补益心脾、养血安神的功效。本品甘平质润，入脾养血之功胜于大枣等果品；其大补阴血、滋液养心之效尤佳，乃果中补血良药。

桑葚　桑葚古称桑实、乌葚、桑果。桑葚有乌、白两种，以黑紫色者为佳。桑葚性味甘寒，入肝肾经。具有补肝益肾、滋阴养血之功效。桑葚适用于阴亏血少、眩晕耳鸣、津液缺乏、须发早白、神经衰弱及消渴便秘等症。

红糖　红糖为禾本科植物甘蔗茎之汁，经炼制而成的赤色结晶体，又称黑砂糖、赤糖、紫砂糖。红糖味甘，性温，入肝、脾、胃经，具有养血活血、补中暖胃的功效。红糖与白糖虽同出于甘蔗的茎汁，但中医认为，两者功效截然不同。白糖味甘性凉，具有润肺生津的功效。而红糖则性温，重在养血暖中。红糖在养血之中又有活血之效，故适用于女性产后恶露不尽、口干呕秽、月经不调及宫寒痛经等症。红糖入脾胃，能暖中焦，凡脾胃虚寒、喜热喜暖、胃脘冷痛者均宜以沸水冲服。

鸡蛋　鸡蛋是一种营养非常丰富的食品。就补血益阴而言，鸡蛋黄远胜于鸡蛋白。鸡蛋黄滋阴养血，适用于阴血亏虚所致的心烦不得眠、虚劳吐血、胎漏下血、心悸怔忡及盗汗等症。这是中医几千年的经验。李时珍说："鸡子黄，气味俱厚，故能补形，昔人谓与阿胶同功，正此意也"。

动物肝脏　动物肝脏营养丰富，一般含有肝糖、蛋白质、碳水化合物、维生素 A、维生素 B_{12}、钙、磷及铁等成分。它可以改善人体造血系统，促进产生红细胞、血色素，制造血红蛋白等，因此，肝为强壮补血的佳品。总之，动物肝脏无论性质寒或热，均有养血、补肝及明目功效，堪称补血益肝之佳品。

黑豆　黑豆不仅可以使头发变得更黑，而且生血养血的功效很好。

发菜　发菜的颜色很黑，含有的铁元素很高，用发菜来煮汤做菜，有很好的补血效果。

胡萝卜　胡萝卜含有丰富的维生素 B、维生素 C，而且还含有胡萝卜素。胡萝卜素对于补血很有好处，是最好的补血汤饮。

10. 家常补血的膳食

牛乳粥

原料 牛乳300g，粳米、白糖各适量。

做法 将粳米入锅中，加水，煮至半熟时再加牛乳，煮至粥成，调以白糖进食。

功效 本方有大补阴血功效，适用于虚弱劳损、形体羸瘦。

五香肉粥

原料 猪里脊肉、粳米各50g，花椒、食盐、茴香、香油各适量。

做法 将猪里脊肉洗净，剁成肉末，人食盐、花椒、茴香、香油调拌，待用；粳米煮粥，粥将成时放入上述原料，再煮至肉熟米烂，一日2次。

功效 全方滋养阴血，补中益气，常服可收肌肤滑润光泽之效。

双仁猪蹄

原料 猪蹄1个，松子仁、核桃仁各25g。

做法 将猪蹄收拾干净，人锅煮至半熟，去骨取皮，皮内装上核桃仁、松子仁及零星碎肉皮筋，卷好，外用线扎紧，再煮至烂熟时取出，待冷切片，装入盘中，佐餐食用。

功效 猪蹄养阴血，滋胃液以滑皮肤。

阿胶蛋花汤

原料 阿胶10g，鸡蛋1个，盐适量。

做法 将阿胶用适量水煮溶，倒入搅匀的鸡蛋煮成蛋花汤，加适量盐调服。

功效 益气养血、润颜养肌。

黑木耳煲红枣

原料 黑木耳40g，红枣20个。

做法 将黑木耳、红枣洗净放人锅内，加水适量，文火煎煮30分钟即可。

功效　调理气血，可用于一切出血性疾病的食疗之品。

三红汤

原料　红枣7个，红豆50g，花生红衣适量。

做法　三味共同熬汤，连汤共食之。

功效　可治一般性贫血或缺铁性贫血。

莲子桂圆汤

原料　莲子100g，桂圆肉50g。

做法　取莲子与桂圆肉同煮为汤。每日分3次饮服，连服7天为一个疗程。

功效　能够补心脾、益气血、安神定志，治失眠、健忘、惊悸、怔忡等症。

龙眼糯米粥

原料　糯米80g，桂圆80g，白糖80g。

做法　将糯米洗净。汤锅中加水适量煮沸，加入糯米和桂圆煮到变成粥，加糖即可。

功效　养心安神、健脾补血。

鸡肉红枣汤

原料　鸡肉100g，红枣25g。

做法　将鸡肉和红枣一起煮熟，食鸡肉红枣。

功效　鸡肉和红枣是传统的养血佳品，两者合用，养血效果更佳。

当归羊肉

原料　当归30g，生姜50g，羊肉150g，盐、作料各适量。

做法　将羊肉、生姜分别洗净，切片，与当归同人锅，加水2碗，煎煮30分钟，加盐、作料少许调味。

功效　补气益血、祛寒止痛。适用于产后气血不足所致发热、自汗、肢体酸痛等症。

11. 排出毒素　美丽一生

随着生活方式的改变与饮食习惯的改变，现代人常常在不知不觉当中吃进许多对于健康有害的物质。这些毒素几乎无所不在，包括食物中色素添加剂，以及空气中的污染物等，都会对人体造成一定的影响。此外，人体内部也会产生“毒素”。

中医认为体内湿、热、痰、火、食，积聚成“毒”，其中宿便的毒素是万病之源；西医则认为人体内脂肪、糖、蛋白质等物质新陈代谢产生的废物和肠道内食物残渣腐败后的产物是体内毒素的主要来源。中西医都认为，人体产生的这些对于健康没有好处的有害物质，会影响一个人的美丽程度。

那么，如何知道自己需不需要排毒？不妨试问自己，最近两周是否常常吃得太多、太饱、太油腻。是否常常出现腹泻、便秘，排便不顺、胀气等消化道的问题？是否有没有在特殊情况下，吃很多却依旧常常体力不足、头昏眼花、精神不好，显得疲倦不堪？是否出现火气大、口角易破的状况？是否没吃什么也越来越胖？若上述问题的回答为肯定的，那么就需要开始提高警惕，排除毒素了！

其实，要排毒并不是很困难的事。只要养成良好的生活习惯，排除心理和情绪影响，有意识地食用一些排毒食物，即可达到排毒的效果。在日常饮食中，就有许多有利排毒的食物，只要吃得正确，就能轻松达到排毒效果。有关专家认为，食物纤维，既像是人体中的一把“物理扫帚”，能如海绵一般，吸附肠道内的代谢废物以及随食物进入体内的有毒物质，并及时排出体外；它又像是一把刷子，能清除黏附在肠壁上的废毒物质和有害菌，使大肠内壁光滑，有利于食物残渣通畅地排出体外。

一般来说，蔬菜中膳食纤维的含量为1%～2%，平时如果适当注意增加蔬菜的摄入量，便可以满足人体对膳食纤维的需求。

女性有空时，不妨自己动手，用有排毒作用的天然食物作为原料，做成可口的菜肴、点心，不仅排毒效果明显，而且味道也很不错。

12. 排毒食物大排行

排毒的方法很多，但以饮食排毒最具实效。下面就介绍一些适宜食用的排毒果蔬供大家试用。

荔枝——补肾排毒 中医认为，荔枝甘温而香，有补脾益肝、通神益智、填精充液、生津止渴、解毒止泻等功效。现代医学研究证明，荔枝有补肾、改善肝功能、加速毒素排除、促进细胞生成、使皮肤细嫩等作用，是排毒养颜的理想水果。

柠檬——清肺净血 柠檬中含有维生素 B_1、维生素 B_2、维生素 C 等多种营养成分，此外，还含有丰富的有机酸、柠檬酸及高度碱性。柠檬的高度碱性能止咳化痰、生津健脾，有效地帮助肺部排毒。柠檬含有抗氧化功效的水溶性维生素 C，能有效改善血液循环不佳的问题，帮助血液的正常排毒。

苹果——排毒防腐 苹果中的半乳糖醛酸有助于排毒，果胶则能避免食物在肠道内腐化。

葡萄——清除体内垃圾 葡萄可以帮助肝、肠、胃清除体内垃圾，还能增加造血机能。

无花果——解毒润肠 无花果含有机酸和多种酶，可保肝解毒，清热润肠，助消化，特别是对二氧化硫等有毒物质有一定抵御作用。

黄瓜——清热生津 黄瓜具有明显的清热解毒、生津止渴功效。现代医学认为，黄瓜富含各种营养成分，同时，黄瓜还含有丙醇二酸、葫芦素、柔软的细纤维等成分，是难得的排毒养颜食品。黄瓜所含的黄瓜酸，能促进人体的新陈代谢，排出毒素。维生素 C 的含量比西瓜高 5 倍，能美白肌肤，保持肌肤弹性，抑制黑色素的形成。

大白菜——稀释肠道毒素 大白菜味美清爽，开胃健脾，含有蛋白质、脂肪、多种维生素及钙、磷、铁等矿物质，常食用有助于增强免疫功能，对健康健美也具有意义。大白菜中含有大量的粗纤维，可促进肠壁蠕动，帮助消化，防止大便干燥，促进排便，稀释肠道毒素，既能治疗便秘，又有助于营养吸收。

芹菜——刺激排毒 含有的丰富纤维可以像提纯装置一样，过滤体内的废物。经常食用可以刺激身体排毒，对付由于身体毒素堆积所造成的疾病，如风湿、关节炎等。此外，芹菜还可以调节体内水分的平衡，改善睡眠。

魔芋——胃肠的清道夫 又名“鬼芋”，在中医上称为“蛇六谷”，是有名的“胃肠清道夫”、“血液净化剂”，能清除肠壁上的废物。

胡萝卜——养血排毒 胡萝卜有养血排毒、健脾和胃的功效，素有“小人参”之称。现代医学已经证明，胡萝卜是有效的解毒食物，它不仅含有丰富的胡萝卜素，而且含有大量的维生素A和果胶，与体内的汞离子结合之后，能有效降低血液中汞离子的浓度，加速体内汞离子的排出。

黑木耳——吸附余毒 黑木耳含一种植物胶质，有较强的吸附力，可吸附残留在人体消化系统的代谢产物，再排出体外，而达到排毒、清胃的作用。

蜂蜜——排毒养颜佳品 蜂蜜自古就是滋补强身、排毒养颜的佳品。《神农本草经》记载：“久服强志轻身，不老延年”蜂蜜对润肺止咳、润肠通便、排毒养颜有显著功效。近代医学研究证明，蜂蜜中的主要成分葡萄糖和果糖，很容易被人体吸收利用。常吃蜂蜜能达到排出毒素、美容养颜的效果，对防治心血管疾病和神经衰弱等症也很有好处。

茶——清利通便 茶叶有清热解毒、消食化积、清利减肥、通利小便的作用。古书记载：“神农尝百草，一日遇七十二毒，得茶而解之。”说明茶叶有很好的解毒作用。现代医学研究表明，茶叶中富含一种活性物质——茶多酚，具有解毒作用。茶多酚作为一种天然抗氧化剂，可清除活性氧自由基，可以保健强身和延缓衰老。

绿豆——清热解毒 绿豆有清热解毒、祛火之功效，是我国中医常用来解除多种食物或药物中毒的一味中药。常饮绿豆汤能帮助排泄体内毒素，促进机体的正常代谢。绿豆具有强力解毒功效，可以解除多种毒素。现代医学研究证明，绿豆可以降低胆固醇，又有保肝和抗过敏作用。夏秋季节，绿豆汤是排毒养颜的佳品。

地瓜——减肥排毒 地瓜性质偏碱性，含高膳食纤维，不仅可以刺激肠胃蠕动，中和体内酸性物质，有益大肠保健及降胆固醇。

大蒜——解毒杀菌 大蒜中的特殊成分可以降低体内铅的浓度。

13. “膳”待自己 排除毒素

传统医学称排毒为“解毒”，许多传统膳食具有清热解毒之效，进行调节健康、排毒的作用。

莲藕炖鸡腿

原料 鸡腿1只，莲藕200g，鲜香菇5个，黄芪15g，茯苓15g，淮山药15g，盐以及鱼粉各适量。

做法 将鸡腿入沸水中汆烫，然后将所有材料加水用大火煮沸，改由小火煮20分钟，然后加入调味品即可食用，吃鸡腿喝汤。

功效 能够清热生津，补益脾胃，对于青春痘有很好的效果。

豆腐炖鱼

原料 鲜鱼1条，豆腐1块，黄芪10g，当归10g，红花5g，红枣5个，姜丝、葱丝、盐、米酒各适量。

做法 将鲜鱼切片，抹上盐及米酒，豆腐切成片和姜丝一起垫在鲜鱼片下面，将黄芪、当归以及红花加水适量煮沸，过滤药汁，淋在鲜鱼上。然后加入红枣，放入蒸笼用大火蒸20分钟，撒上葱丝即可。

功效 能够补气养血、美白去皱。

苹果胡萝卜芹菜汁

原料 苹果1个，红萝卜1个，芹菜适量。

做法 将胡萝卜、苹果、芹菜分别用绞汁机榨汁，然后搅拌到一块即可饮用。

功效 能够排毒养颜，保护眼睛，对于便秘也很有效。

大蒜猪血汤

原料 猪血250g，大蒜200g，盐、味精、胡椒粉各适量。

做法 先将猪血浸泡干净，然后用刀划成小块，待用；大蒜洗净，切段。锅中水烧沸后，轻轻倒入猪血，待再烧沸，放入适量的盐、味精等调料，再放入大蒜段，撒上少许胡椒粉即可。

功效 能够有效的排除毒素，养颜美容。

鱼草解毒茶

原料　鱼腥草干50～100g，红枣15个。

做法　先将鱼腥草洗净，红枣切开去核；两者加水3000ml，沸后小火再煮20分钟，滤渣即可。

功效　利尿解毒效果明显，能够恢复皮肤亮丽。

冬瓜莲子排毒粥

原料　白米2杯，莲子50g，冬瓜2000g，姜丝、葱花、盐各少许。

做法　将白米、莲子洗净后煮熟，冬瓜去皮切丁备用。将冬瓜、姜丝放入锅中，加盐调味，煮至冬瓜熟软，撒上葱花即可食用。

功效　用以清热排毒兼宁神定心，提升脾胃功能。

四时季节　巧食美容

1. 春季的美丽食用准则

春天气候转暖，是万物生长、万象更新的季节。人的皮肤新陈代谢也变得活跃起来，皮脂腺和汗腺的分泌也日渐增多，特别是年轻人激素分泌旺盛，更易导致痤疮发生。还有，空气中的花粉、灰尘和细菌随着阵阵春风到处飘扬，由于外露的皮肤对花粉干燥的气候不适应，特别是女性薄嫩的皮肤会更加敏感，受其刺激常出现红色皮疹，局部有灼热感，瘙痒时有皮屑脱落。在冬春换季之时，人们还有种刚刚“睡醒”的疲惫之感。

人应适应季节，调养生气，使机体与外界统一起来，谓之“春气之应，养生之道也”。对于女性来说，春天更应注意饮食调养，保持美丽漂亮。

早春时节，气温仍较寒冷，人体为了御寒要消耗一定的能量来维持基础体温。所以早春期间的营养构成应以高热量为主，除谷类制品外，还应选用黄豆、芝麻、花生、核桃等食物，以便及时补充能量物质。由于寒冷的刺激可使体内的蛋白质分解加速，导致机体抵抗力降低而致病，因此，早春期间还需要补充优质蛋白质食品，如鸡蛋、鱼类、虾、牛肉、鸡肉、兔肉和豆制品等。上述食物中含有丰富的蛋氨酸，而蛋氨酸具有增强人体耐寒的功能。

春天，又是气温由寒转暖的季节，气温变化较大，细菌、病毒等微生物开始繁殖，活力增强，容易侵犯人体而致病，因此，在饮食上应摄取足够的维生素和无机盐。

春季为肝气旺之时，肝气旺则会影响到脾，所以春季容易出现脾胃虚弱病症；而多吃酸味的食物，会使肝功能偏亢，故春季饮食调养，宜选辛、甘温之品，忌酸涩。饮食宜清淡可口，忌油腻、生冷及刺激性食物。此外，春季是蔬菜的淡季，但野菜、山菜其生长期早于一般蔬菜，而且富含维生素，可采摘食用，以补充一般蔬菜的不足。

在饮食的调理方面，春季应避免过量食用高脂肪类、淀粉类、糖类食物以及辣椒等刺激性调味品，多摄取富含维生素 B_2、维生素 B_6、维生素 C、维生素 E 之类的食物，例如绿色蔬菜等，同时，摄取花生油、葵花籽油、菜子油、芝麻油等植物油。这些食物中的维生素可促进皮肤血管的血液循环，调节激素正常分泌，润滑皮肤。此外下列美容食谱宜常食之。

菊花粥 菊花含挥发油、胆碱、维生素 A、维生素 B、氨基酸等。谚语说“春令菊花粥，焕发容光足”。中医认为菊花粥能养肝血，悦颜色，除热、解渴、明目。不仅能美容，还能防止动脉硬化，冠心病，高血压等疾病。菊花粥的做法是：将粳米先煮至粥将成，然后加入磨成粉的菊花末拌匀即可。除菊花粥外，菊花茶、菊花酒、菊花羹等都有美容健身作用。

大枣粥 常吃大枣，可使人面色红润，容光焕发。大枣粥的做法是：粳米 50g，加大枣 10 个，煮至米烂枣熟即可。

燕窝冰糖粥 燕窝有使皮肤润泽，补血美容之功。一般用燕窝 3g 炖冰糖，也可加入 5g 甜杏仁同炖，美容效果更好。

银耳鸽蛋汤 银耳能补肾，而补肾是中医美容防老的第一要旨。取银耳 15g，水发后炖至黏稠。打入鸽蛋 2 个，再加冰糖文火炖透，即可食之。

2. 夏季的美丽食用准则

从季节气候特点来说，夏季是皮肤保养的重要时期，因为夏季气候炎热，日照较强，如果忽视皮肤的保护，往往会给面容带来很大影响。

夏季阳光照射，气温升高，人体散热主要通过皮肤水分蒸发。大汗淋漓不但会使皮肤极容易缺水，气温升高还使皮肤细胞新陈代谢加快，皮脂腺分泌旺盛。加上皮肤排出的大量汗液和其他废物，皮肤酸度下降，抗病能力减弱，细菌易于侵入，毛孔易于堵塞，可以引发粉刺和痤疮。而紫外线也比其他季节强烈，会诱发或加重某些皮肤病，如日晒伤，过敏性皮炎、日光疹、痱子、雀斑、黄褐斑、寻常痤疮等，甚至有可能导致皮肤癌。因此，夏季应加强皮肤的护理保养。

在夏季美容，第一重要的就是要给皮肤“提供水分”。水分是皮肤的生命，台湾著名影星林青霞在回答人们美容养颜秘诀时，爽快地说：“多喝水，就是最好的美容法”，可见水为美容之根本。尤其是在夏季，人的身体经过日晒和炎热出汗排泄多，蒸发快，更需要补充大量的水分，通过饮水来补充身体的水分是最直接、最有效的方法。水进入人体会补充由皮肤和呼吸道大量流失的水分。

补充水分时还可以多食用水果和蔬菜。蔬菜中的水分，是经过多层生物膜过滤的天然、洁净、营养且具有生物活性的水，是任何工厂生产的饮用水所无法比拟的。夏季正是瓜类蔬菜上市旺季，它们的共同特点是含水量都在90%以上。这就是说吃了500g的瓜菜，就等于喝了450ml高质量的水。所有瓜类蔬菜都具有高钾低钠的特点，有降低血压、保护血管的作用，对于保护皮肤是大有裨益的。

夏季食用的美容食物应选用一些凉性的食物。夏季对人体影响最重要的因素是暑湿之毒。暑湿侵入人体后会导致汗孔张开，过多出汗，造成气虚，还会引起脾胃功能失调，食物消化不良。吃些凉性蔬菜，有利于生津止渴，除烦解暑，清热泻火，排毒通便。苦瓜、丝瓜、黄瓜、菜瓜、西瓜、甜瓜等，都属于凉性蔬菜。西红柿、茄子、芹菜、菊花脑、落葵（紫

角叶)、生菜、芦笋、豆瓣菜、凉薯等，也属于凉性蔬菜。这些蔬菜正值旺产期，不妨经常食用。

夏季要多食用一些水果、蔬菜等富含维生素、纤维素的食品。因为它们能够调节皮脂分泌量以及通畅大便，使体内的废物能够得以顺利排出，毒素不致留在体内，这样便能够保证皮肤的光滑细腻。

3. 秋季的美丽食用准则

秋季天气干燥，又有些寒冷，水分缺乏，皮肤容易造成损伤，加之寒气秋风的侵袭，使皮肤营养失调，血液循环欠佳，劳逸结合不当，睡眠不足，凡此种种，均会造成皮肤胶原蛋白、弹性纤维受损，由此而引起肌肤弹性降低，失去光泽，衰退老化，由此可见，加强肌肤的滋润与保养工作不容忽视。

秋季的皮肤随着天气变化会呈现种种不同的状态：初秋时，由于夏天紫外线的照射，皮肤会有黑斑或雀斑产生，这些色素沉积会在初秋时更加深重，皮肤会发干、发粗；仲秋时，由于秋风的作用，皮肤会感到很干涩，尤其是干性皮肤的人，感觉到很不舒服；晚秋时，由于将要过冬，皮肤下的脂肪层会增厚，皮肤会有绷紧的感觉。

每天早晨起来饮半杯温开水及服一两片复合维生素 B 和一片 50mg 的维生素 C，午餐喝点瓜菜汤或半碗稀饭，晚上可饮用一些果汁或稀释的牛奶。这样不仅对人体健康大为有益，而且对防止秋季机体衰退变化很有好处。

身体衰弱的女性在秋季可选用一些“防燥不腻”的平补之品，如大枣山药粥、麦芽糖、糯米八宝粥等，脾胃虚弱、消化不良者，可以使用具有健补脾胃作用的莲子、山药、扁豆、红枣等补品。

秋季容易出现口干唇燥等“秋燥”等症候，应选食一些滋养润燥的食物，以燕窝、银耳最好。

按照中医“春夏滋阴，冬秋养阴，四季调理，各有所重”的理论，秋日里我们还应重于养阴护阳，一般来讲，秋天最好选择食用莲子粥、枸杞粥、牛奶粥以及八宝粥等，也可多吃一些带有温补性的牛、羊、狗肉之类，以滋阴壮阳、温补血气、增强体质抵抗力，起到润泽脏腑、养颜护肤的效果。

根据秋季气候的特点，爱美的女性还可以选用以下的食疗方法，帮助身体建成一个新的循环系统，使身体内部焕然一新。一段时间后你就会发现，你不但变得美丽了，而且气色渐渐不错，自我感觉也良好。

西红柿玫瑰饮 西红柿去皮，黄瓜洗净，鲜玫瑰花适量。将它们碾碎后过滤，加入柠檬汁、蜂蜜，每日饮用。西红柿、黄瓜富含谷胱甘肽和维生素C，能促进皮肤代谢，使沉着的色素减退，从而使肌肤细腻白嫩。

栗子炖白菜 栗子200g，去壳切成两半，鸭汤适量，煨栗熟透，再加白菜200g及调味料适量，炖熟即可。滋阴补虚，栗子健脾肾，白菜补阴润燥，常食可改善阴虚所致的面色黑黄，并可以消除皮肤黑斑和黑眼圈。

醋泡黄豆 取新鲜黄豆250g，以醋浸泡15日后，每日取10粒左右嚼食，可使皮肤柔嫩，色素变淡。醋豆含有磷脂及多种氨基酸，能促进皮肤细胞的新陈代谢，并有降低胆固醇、改善肝功能及延缓衰老的作用。

香蕉奶糊 香蕉6个，鲜奶250g，麦片200g，葡萄干100g，入锅用文火煮好，再加点蜂蜜调味，早晚各吃100g。常食，能润肤去皱。

4. 冬季的美丽食用准则

对于爱美的女性来说，冬天可谓是一个“讨厌”的季节，不仅要把自己包裹得严严实实的，曼妙的曲线、雪白的肌肤都给“包裹”了起来。更要命的是，冬天“讨厌”的天气对皮肤的伤害尤为严重，因为除了像秋天一样干燥之外，还有严寒和风雪的刺激，所以冬季美容必须格外当心。

中医认为，寒为冬季主气，人体面部为“诸阳之会”，在寒邪侵袭时，面部阳气首先受损，失去温煦功能，面部颜色呈现苍白或青紫，或紫绀，局部温度偏低，还可发生冻疮或寒冷性多形红斑；此外，寒性凝滞，可使面部血管发生挛缩影响面部血供，进而影响美容；还有，寒主收引，可使人体气机收敛，腠理、经络筋脉收缩而挛急。人们常有这样的感觉，冬天面部皮肤紧绷，缺乏滋润感，这与寒邪侵袭有关。所以，冬季皮肤保养关键是防寒保温。

所以在饮食中应多补充产热营养素，如碳水化合物、脂肪、蛋白质，以提高肌体对低温的耐受力。尤其应考虑补充富含蛋白质的食物，如瘦肉、鸡鸭肉、鸡蛋、鱼、牛奶、豆类及其制品等。

寒冷气候使人体氧化功能加强，肌体维生素代谢也发生了明显变化，饮食中要及时补充维生素 B_2（核黄素）以防口角炎、唇炎、舌炎等疾病的发生，维生素 B_2 主要存在于动物肝脏、鸡蛋、牛奶以及豆类等食物中。维生素 A 能增强人体的耐寒力，应多吃些富含维生素 A 的动物肝脏、胡萝卜、南瓜、白薯等食物，维生素 C 可提高人体对寒冷的适应能力，对血管具有良好的保护作用，有助于皮肤滋润、光泽、细腻、娇嫩。此外，以下有美容作用的食物要多吃一点。

核桃仁 《开宣本草》说：“食之令人肥健、润肤、黑须发”；著名营养学家孟诜认为，“常服令人能食，骨肉细腻光滑，须发黑泽，血脉通润”。可见，桃仁可使粗糙、干枯的皮肤变得润泽、细腻、光滑、富有弹性。

花生 花生含蛋白质20%以上，脂肪40%～50%，无机盐2%～4%，还含多种维生素，花生油中含“美容酸”。因此，多吃花生不仅可以使身体获得多种营养素，还可使人皮肤润泽、毛发秀丽。

鱼子 鱼子的美容是由于其内含大量的蛋白质、脑磷脂、钙、磷、铁等矿物质，以及多种维生素，营养十分丰富，是人类大脑和骨髓的良好滋养剂，并具有良好的健肤乌发作用。

因人而食　永葆美丽

1. 20 岁女性的美丽食用准则

20 岁的女性是人生中最为美丽的时期，也是月经来潮至生殖器官发育成熟的青春发育期。在这一时期，随着卵巢的发育和激素的产生，皮脂腺分泌物增加，面部皮肤光滑无皱纹，但油脂较多，易生粉刺。

这一时期，虽然是人一生中最健康的时期，但是也要早做预防。实际上，据研究发现，在这个时期大约 64%的女性因生理原因造成缺铁性贫血。头昏眼花、心悸耳鸣、失眠多梦，随之而来的红颜失色、面色萎黄、唇甲苍白，甚至皱纹、脱发都时刻威胁着妙龄女性，所以补血补铁就成为首要大事。饮食上，除了多食用动物肝脏、瘦肉、黄豆、菠菜等食物外，鸡蛋、鱼和虾等海产品、紫菜、海带、红枣、黑木耳等也含铁丰富，可多食用。

另外，这一时期，正值身体发育的关键的时期，还要注意增加营养，以免造成健康问题。一般来说，要注意补充蛋白质和维生素。

蛋白质是人体细胞和脏器的“灵魂”，身体组织的修补更新需要不断地补充蛋白质。20 岁的女性正是学业、事业上的上升时期，加班、熬夜、用脑过度如家常便饭，饮食也极不规律，不可避免地造成蛋白质缺乏。蛋白质的长期缺乏会导致记忆力下降，精神萎靡，反应迟钝。严重者会抵抗力降低，感染性疾病患病率增高。因此，在饮食上除了要多喝牛奶、多吃豆制品之外，各类海产品脂肪含量低，成为补充优质蛋白的最佳选择。

这个阶段最容易受到伤害的还有被电脑、干燥、污染围攻的明眸，如果得不到足够的营养补充，再好的化妆品也无济于事，补充适当的维生素就成为当务之急。鱼类、贝类和蛋黄等富含维生素A，可以预防和治疗干眼症，改善眼睛干涩；蔬果则有丰富的维生素C，可防止眼周皮肤受到紫外线的伤害；各类坚果和红薯富含维生素E，则能增强视力，起到明目的作用。

这一时期，特别注意应适当多喝清水，或饮用绿茶，以使尿液增多，有助于脂质代谢而减少面部渗出的油脂。

2. 30岁女性的美丽食用准则

俗话说"女性三十一枝花"。30岁是女性的一个黄金时期。这一时期的女性，事业有成，家庭安定，但也意味着压力更大，因为要兼顾工作和家庭，有一部分女性会因此出现早衰现象。

30岁是女性发育成熟的鼎盛期，而且这个时期的女性情感丰富，易于多愁善虑，致使面部表情肌过度张弛，逐渐使额头及眼下出现皱纹，皮下的皮脂腺分泌也减少。

30岁皱纹初现，但在休息好时便会消失，皮肤的光泽、水分和弹性都开始减少。如果在20岁时肌肤受到过紫外线的伤害，那么，有90%的人会在这个年龄开始出现肌肤干燥缺水、斑点渐渐显现并不断加深。尤其是眼睛周围，这个部位皮肤非常薄也没有脂肪，所以水分很容易流失，加上肌肉活动频繁和微循环的减弱，抵挡时间摧残的回合会在这首轮的交锋中就败下阵来。

不仅如此，在这个年龄段女性脸上的毛孔开始变得明显、粗大，角质层很容易积聚在表皮上，而且30岁的肌肤容易长暗疮。

30岁的女性，由于摄取的营养超过了消耗，多余的脂肪和糖类就会以脂肪的形式在体内储存起来，体型就会慢慢发胖。

所以，女性在饮食上就更要注意。要注意多保养自己。如果能在事业、家庭之外多爱护自己一点，30岁的女性会比20岁更添几分风韵与健康。

在这个阶段，要少吃油炸肥腻的食物，保持良好的心情。适当参加一些有益身心的运动，对于排解精神压力很有帮助。多吃富含维生素的新鲜蔬菜瓜果以及含胶原蛋白的动物蛋白质，如猪蹄、肉皮、鱼、瘦肉。

应多吃富含维生素C和维生素B类的食品，如荠菜、苋菜、胡萝卜、西红柿、红薯、金针菜等新鲜蔬菜、水果以及豌豆、木耳、牛奶等。不吃易于消耗体内水分的煎炸食物。此外，不要饮酒、抽烟，否则会使嘴角与眼四周过早出现皱纹。30岁的女性饮食上应该注意以下几点：

补钙 专家证实，女性28岁以后，身体中的钙每年以0.1%～0.5%的速度减少。因此，每天至少需要摄取1000mg钙，怀孕、哺乳期的女性则需要1500mg。多食牛奶、紫菜、虾皮、豆制品、芹菜、黑木耳、芝麻等富含钙质的食品，以及高粱、燕麦、玉米等粗粮。

补充纤维素 很多女性30岁以后体力已大不如前，超负荷的脑力、体力劳动，家庭、事业的压力，常常使她们不堪重负，便秘情况越来越严重。而膳食纤维素可以令女性免去后顾之忧，不仅可以缓解便秘，还具有排毒、降血脂、防治肥胖的功效。麦麸、芹菜、豆类、薯类、蒜苗、韭菜、白菜、莴苣、萝卜、苹果、梨等食物中含有较高的膳食纤维。

补充叶酸 怀孕、生育，都会让女性营养缺乏，叶酸是B族维生素中的一员，为人体细胞生长和分裂所必需的物质之一，可以缓解营养缺乏症。叶酸为人体细胞生长和分裂所必需，主要参与核酸合成、促进氨基酸合成蛋白质，以及血红蛋白、肾上腺素、胆碱、肌酸等重要化合物的合成。要补充叶酸就要多食用豆制品、菠菜、油菜、梨、菠萝、蛋类、鱼、坚果、柑橘以及全麦制品。

3. 40岁女性的美丽食用原则

40岁对于女性来说，是很关键的时期。是成为风情万种的“一枝花”，还是成为年老色衰的“豆腐渣”？关键就在于40岁。

40岁的女性虽然各方面都已经成熟，但是健康和容貌却日益开始走下坡路。内分泌和卵巢功能较前渐趋减退，皮脂腺分泌减少，皮肤易于干燥。肌肤衰老的迹象在一些“脆弱”地方出现。

40岁的皮肤不再像过去那样柔滑细致，虽还不至于粗糙，但能察觉肤色开始不均匀。皮肤弹性渐渐减少，稍稍皱眉，额头上就会出现纹路。眼周的皮肤非常薄，没有脂肪，没有皮脂腺，血液循环小，闭眼眨眼等拉扯

眼部的动作，都会加快眼纹的出现。眼部周围及嘴唇位置的细纹逐渐加深，皮肤弹性明显减小，甚至有眼袋出现。

女性绝经期前的 10 年，也就是 40～49 岁，肝、脾、肾都比较虚，肾虚导致头发干枯，脾虚易生皱纹，肝胃不和、内热，容易起色斑。如果不及时调理，甲亢、内分泌失调等疾病很容易不请自来。如果保养不好，衰老的速度就容易加快。所以，这个年龄段的女性关键是保护内分泌功能，疏肝理气，适当补养脾肾。

40 岁的女性因长期用脑过度，记忆力已大不如前，越来越多地出现反应迟钝、神经紧张、心悸无力等症状。专家介绍，核桃、松子、腰果、黑芝麻、杏仁、红枣、草莓、百合、金针菇、鸡鸭肉以及含维生素 B 族、维生素 C 和维生素 E 的食物都是很好的补脑食品。

40 岁女性的饮食原则是：

蛋白质和脂肪要适当摄入　应多吃鱼及瘦肉等动物蛋白质，保证氨基酸的供给，以补充皮脂腺的分泌。千万不能因为怕发胖而一点不沾。

主食要吃够　用水果代替主食的做法很不明智——容易导致脾胃损坏，皮肤衰老。

多吃蔬菜、水果　它们对皮肤有滋润作用。

控制甜食　甜食会使体内热量过剩，导致胃热脾虚，不利于皮肤保养。

多饮水　一方面滋润皮肤，另一方面促进新陈代谢，对皮肤头发都有好处。

4. 妊娠女性的美丽食用准则

处于妊娠期的女性应该说是世界上最美丽的女性了，因为她很快就要成为一名最幸福的妈妈了。

不过，令这些幸福的准妈妈难过的是，大多数处于妊娠期的女性生理上将发生一系列变化，妊娠和分娩使形体上的变化最为突出。有的由瘦弱变得肥胖，有的从肥胖变得瘦弱。前者与内分泌功能紊乱或营养过于集中而造成营养过剩有关；后者则多由于身体亏损过度，没有得到及时补充，或过于劳累及饮食不当所致。

其实，调养的方法也很简单，属于前者的人，除调整饮食外，还应就医诊治，纠正内分泌紊乱现象；如属后者，则应尽快加强营养，调整饮食，使身体得到复原。

一般情况下，分娩后变得肥胖者多见。这是由于女性妊娠期间，大量地摄入营养物质，以供胎儿生长发育之用，而胎儿享用后剩下的营养物质全部给了母体。而分娩后，又一味地大吃大补，加之孕妇、产妇食欲旺盛，消化吸收功能极强，身体变成营养库，营养摄入量大大超过了人体需要和利用量，过剩部分转变成脂肪贮存皮下，这样就造成了脂肪细胞的增大、膨胀，人体也就发胖了。因此，合理的营养是保持健康和形体健美的关键。

最好的办法是控制旺盛的食欲，营养物质的摄入既要全面，又要合理。处于妊娠和分娩后哺乳期的妇女，每日需要蛋白质100g左右，多摄入含脂肪低的蛋白质食物，如牛奶、蛋类、鱼类、瘦肉类、豆类及其制品。脂肪的摄入量不宜过高，不宜食用肥肉及油煎食物。应多吃新鲜蔬菜和水果，因富含维生素、无机盐和纤维素，对护肤美容及形体健美都有益处。多喝水，也有利于促进体内的新陈代谢及皮肤滋润。人的面部毛细血管最为丰富，新陈代谢也较旺盛。体内缺少某种营养素，多可在面部表现出来。要使皮肤洁白细嫩，应少吃加工后的白糖。食糖最好由蜂蜜代替。鸡蛋所含的蛋白质对皮肤美容有益，每天可吃1～2个；海鲜、鱼类含有大量不饱和脂肪酸，适当多吃可使皮肤细嫩和富有光泽。适量的油脂，如麻油、葵花籽油、栗子油、橄榄油等对皮肤有滋润、美容功效。头发稀少和缺少光泽者，可选用下列食物进行调理，如萝卜、洋葱、桑葚、梨、杏、柑橘、西瓜、苦瓜、甜瓜、猕猴桃等。此外，苹果、李子、韭菜、大葱、胡萝卜等，可抑制头皮发痒和头屑过多。芹菜及红色水果，如樱桃、山核等都是有美发作用的食品，可选择食用。

此外，青年女性为使形体健美，除注意控制和调整饮食外，还应注意健美锻炼。目前有许多减肥健美方法，可针对特殊部位变化情况，选择锻炼项目。重要的是要充满对美的渴望和追求，并积极去努力，使面容和形体不断地焕发青春美的魅力和光彩。

第 2 章　吃出冰肌雪肤

肤如凝脂不是梦

1. 皮肤不同　饮食不同

美是人类不懈的追求目标，特别对于女性来说，靓丽的肌肤更是她们梦寐以求的，于己可以增强自信，于人可以赏心悦目。《诗经》中“手如柔荑，肤如凝脂”的描绘，使迷人皮肤的美感跃然纸上。

现代科学研究发现，合理的、科学的饮食营养，也就是通过平衡饮食和美肤食品，可提高皮肤细胞的新陈代谢，补充皮肤养分消耗，增强皮肤的功能，使其光泽、细嫩而富有弹性。

现代医学研究表明，健美的面部皮肤，主要是依靠健康的身体、合理的饮食、良好的情绪等诸方面因素的配合而获得的。可见，想拥有让人称羡的肌肤，先要从“吃”开始。当然，在这之前，我们有必要先来了解一下自己的皮肤种类。

人类的皮肤基本上有三种类型，即中性皮肤、油性皮肤和干性皮肤。

中性皮肤组织紧密，厚薄适中，光滑柔软，富有弹性，是较好的皮肤类型。

油性皮肤毛孔较大，脂肪较多，具有油亮光泽。这种皮肤易发生皮肤感染，但不易生皱纹。

干性皮肤红白细嫩，发干，易起皱，易破损，对理化因子较敏感，容易过敏。

另外，还有一种类型为混合型皮肤，即额头、鼻部为油性皮肤，油脂多，发亮，其他部分为干性皮肤，红白细嫩，对阳光中的紫外线敏感，大

部分的女性属于这类混合型的皮肤。

不同的饮食调养能够对皮肤造成影响，在不影响营养平衡的情况下，不同类型的皮肤可针对性地选择合适的食品。总之，要想皮肤好，就要选择不同的食物。

按照中医理论，从人的体质上看，油性皮肤多为“体内湿重”；从现代医学观点看，油性皮肤者，皮脂腺分泌较旺盛，体内雄性激素分泌较多，皮肤毛细血管扩张。饮食宜选用具有凉性、平性食物，如冬瓜、丝瓜、白萝卜、胡萝卜、竹笋、大白菜、小白菜、卷心菜、莲藕、黄花菜、荸荠、西瓜、柚子、椰子、银鱼、鸡肉、兔肉等。少吃辛辣、温热性及油脂多的食品，如奶油、奶酪、奶油制品、蜜饯、肥猪肉、羊肉、狗肉、花生、核桃、桂圆肉、荔枝、核桃仁、巧克力、可可、咖喱粉等。

而干性皮肤者体内水分异常少为“燥”，以现代观点来看，干性皮肤者，主要是由于皮肤内水分不足，新陈代谢缓慢，皮脂腺功能减退，皮肤表面干燥。中、干性皮肤者，宜多食豆类，如黑豆、黄豆、赤小豆，蔬菜、水果、海藻类等碱性食品；少吃鱼贝类酸性食品。

2. 最有益肌肤的十种食物

西兰花　它含有丰富的维生素 A、维生素 C 和胡萝卜素，能增强皮肤的抗损伤能力，有助于保持皮肤弹性。

胡萝卜　它含有的胡萝卜素有助于维持皮肤细胞组织的正常机能、减少皮肤皱纹，保持皮肤润泽细嫩。

牛奶　它是皮肤在晚上最喜爱的食物，能改善皮肤细胞活性，有延缓皮肤衰老、增强皮肤张力、消除小皱纹等功效。

大豆　它含有丰富的维生素 E，不仅能破坏自由基的化学活性、抑制皮肤衰老，还能防止色素沉着。

猕猴桃　它富含维生素 C，可干扰黑色素生成，并有助于消除皮肤上的雀斑。

西红柿　它含有番茄红素，有助于展平皱纹，使皮肤细嫩光滑。常吃西红柿还不易出现黑眼圈，不易被晒伤。

蜂蜜 它含有大量易被人体吸收的氨基酸、维生素及糖类，常吃可使皮肤红润细嫩、有光泽。

肉皮 它富含胶原蛋白，可促进皮肤吸收水分和储存水分，防止皮肤起皱，使皮肤丰满、滋润。同时，它还富含弹性蛋白，可增强皮肤的弹性和韧性，使皮肤滋润娇嫩、减少皱纹。维生素A和维生素C可使毛细血管更富有弹性。

鱼类 它含有的脂肪酸能消除一种破坏皮肤胶原和保湿因子的生物活性物质，防止皱纹产生，避免皮肤变得粗糙。

海带 它含有丰富的矿物质，常吃能够调节血液酸碱度，防止皮肤过多分泌油脂。

3. 问题肌肤 饮食调理

爱美是女性的天性，每位女性都希望自己的皮肤细嫩白皙、富有弹性，所以才有了“肤如凝脂”的说法。但是皮肤总是会有各种各样的问题：干涩、粗糙、色斑等等，影响着美观。其实，只要认清这些皮肤问题形成的真正原因，通过饮食即可以有效调理。

干涩多皱的皮肤 皮肤干涩多皱的确是一个大问题，之所以出现这类问题，主要是因为脾胃两虚、饮酒、抽烟、内分泌失调等。在饮食上要注意多吃一些富含维生素C和维生素B类的食品，如荠菜、苋菜、胡萝卜、西红柿、红薯、金针菜等新鲜蔬菜水果以及豌豆、黑木耳、牛奶等。不要吃易于消耗体内水分的煎炸食物。不要饮酒、抽烟，否则会使嘴角与眼四周过早出现皱纹。多吃鱼及瘦肉等动物蛋白质，保证氨基酸的供给，以补充皮脂腺的分泌。要多食补脾益肾、补肺益肾、润燥健脑、补气养血的食物，如干果、山药、马铃薯、桃仁、红枣、山楂、青梅、蜂蜜等。

另外，适量饮用啤酒可增强体质，减少面部皱纹。茶叶含有丰富的矿物质及果胶等，能保持皮肤光洁，延缓面部皱纹的出现及减少皱纹，还可防止多种皮肤病，但要注意不宜饮浓茶。鸡皮及鸡的软骨中含大量硫酸软骨素，能消除皱纹。

色斑 皮肤上的色斑会给娇嫩的肌肤蒙上了一层阴影，实在让人不痛

快。色斑多是由于食盐过多、生理原因、内分泌因素、动物性脂肪摄入过多等引起的。所以在饮食上首先要养成一个好的饮食习惯，饮食要有规律，不要吃零食、夜宵等，尤其是高脂肪的食物。可以多吃富含维生素的食物，如白菜、韭菜、豆芽菜、瘦肉等，尤其是豆类食物。适当多喝清水或绿茶，有助于脂质代谢而减少油脂，但要控制果汁及可乐的摄取量。减少食盐摄入量。多食用海带等海藻类及菌类食物，多吃食物纤维丰富的牛肉等。多食贝壳类和甲壳类，海产品富含硒和锌两种重要的抗氧化物，如牡蛎、金枪鱼、墨鱼等。莲子粥、枸杞粥、牛奶粥以及八宝粥、牛、羊、狗肉汤等，可以起到滋阴壮阳、温补血气、增强体质抵抗力、润泽脏腑、养颜护肤、淡化色斑的效果。

粗糙无光泽 好的皮肤像一块羊脂宝玉，细腻、温润，带着诱人的光泽。如果皮肤失去了光泽，那就会大煞风景。其实，皮肤没有光泽多是由于阴血不足、卵巢功能减退等。日常生活中应多食滋阴养血、清热去火的食物，如竹笋、海参、瘦肉等。多吃新鲜蔬菜水果，如白菜、油菜、西红柿、荠菜、山楂、柠檬等。多食用植物油，如菜油、葵花籽油、大豆油等。

4. 吃吃喝喝养肌肤

我国历史悠久，1000多年前就有“合汤沐浴”、“日粉妆梳”的描述。对皮肤美容也积累了丰富的经验。综合人们保养皮肤的经验，可以采用以下一些方法。

润肤汤

原料　猪肚1个（大约1000g），芡实30g，黄芪25g，白果肉10g，腐竹皮30g，葱段、精盐、植物油各适量。

做法　将整个猪肚用粗盐及油擦洗干净，再把猪肚及芡实、黄芪、白果肉一同放入砂锅中，加适量清水煮沸半小时，再放入腐竹皮，熬1～1.5小时，直至汤成奶白色即可。

功效　具有补气血、健乳润肤的功效，可使肤色白嫩，还有促进乳房发育及健美的作用。

莲芡龙眼汤

原料　莲子、芡实、薏苡仁各30g，龙眼肉10g，蜂蜜适量。

做法　将莲子、芡实、苡仁、龙眼肉加水500ml，微火煮1小时后，加蜂蜜调味。

功效　具有健脾益气、补血润肤之功效。适用于皮肤粗糙、黝黑，皱纹较多者，可经常服用。

红枣阿胶羹

原料　阿胶、冰糖各25g，黄酒500ml，红枣50g，桂圆肉、黑芝麻、核桃肉各30g。

做法　红枣去核，与桂圆肉、黑芝麻、核桃肉共研为末。阿胶浸于黄酒中10天后，同入搪瓷容器中隔水蒸至阿胶完全烊化，将红枣等药末、冰糖加入搅拌，蒸至冰糖全部熔化，冷却而成冻状。

功效　每晨2匙，开水冲服。具有滋润皮肤、美容健身的作用。

红枣菊花粥

原料　红枣50g，大米100g，菊花15g。

做法　三味加水适量，煮熟至稠。

功效　可使面部皮肤红润，起到防病保健、驻颜美容作用。

樱桃煎

原料　樱桃250g，何首乌30g，核桃仁12个（打碎），水煎。或者经常食用樱桃、桃仁。

功效　具有补脾益气、润肤的作用，适用于脾虚，皮肤粗糙者。

美肤饮

原料　芹菜、花椰菜、西红柿、红葡萄、柚子、橘子、蜂蜜、牛奶各适量。

做法　将芹菜、花椰菜、西红柿、柚子、橘子同搅汁。葡萄单独榨汁备用；将蜂蜜和牛奶加温水调匀。以上共混合均匀即可饮用。

功效　经常服用，具有丰肌泽肤及减少皮肤皱纹功效，使皮肤嫩白红润，富有光泽。

美白肌肤，秀出美丽

1. 吃出如雪肌肤

东方女性历来对肌肤崇尚“肤如雪，凝如脂”的至高境界。能够拥有如雪的肌肤是每一位女性心中最大的梦想，于是各种美白祛斑化妆品都大行其道。但是化妆品“妆”出来的白是外在的，用来盖上面的，一点也不健康。现在女性要求的“白”是要自发内在的，要有“通透”的感觉，白里透红，这样才是真正的美白，不是涂上厚厚的粉底就草草了事。不少人甚至因为追求美，往往却付出了牺牲健康的代价或造成了严重的肌肤伤害，这就走进了美白的误区。

其实，美白护肤品不仅仅在你的化妆台上、化妆袋里，还在你的厨房里、餐桌上。由底开始，由内至外，先调理好肌肤底层，表层才会展露剔透的健康肤色。

根据科学的研究表明，皮肤白不白，主要取决于黑色素细胞合成黑色素的能力。在人的表皮基层细胞间，分布着黑色素细胞，它含有的酪氨酸酶可以将酪氨酸氧化成多醣，中间再经过一系列的代谢过程，最后便可生成黑色素。黑色素生成的多，皮肤就越黝黑；反之，则皮肤就越白皙。

而维生素 C 能中断黑色素生成的过程，可阻止已生成的多巴胺进一步氧化而被还原为多巴，并能降低血清铜氧化酶含量，影响酪氨酸酶的活性，可以使皮肤减少黑色素沉着、减退以至去除皮肤的黑斑和雀斑，加快皮肤的还原变白；从而干扰黑色素的生物合成。所以如果想使皮肤白皙时，不妨多吃些富含维生素 C 的食物。

此外，还可以多食用一些富含维生素 E 的食物。医学研究证明，维生素E在人体内是一种抗氧化剂，特别是脂肪的抗氧化剂，能有效地抵制脂褐素在皮肤上的沉积，使皮肤保持白皙。同时维生素 E 还具有抗衰老作用。富含维生素 E 的食物有卷心菜、菜花、芝麻油、芝麻、葵花籽、菜子油、葵花籽油等。

当然，女性也应该多喝水，这是最简单、方便而经济的美白方法。水分的补充，对肌肤的美白是非常重要的。适度补充细胞内的水分，不但可以帮助各器官运作正常，体内的旧老废物，也可以借此一并带走，帮助新陈代谢。

2. 防晒食物帮你美白

皮肤要美白，防晒是首要的。再水嫩的肌肤，也抵挡不住骄阳的暴晒。阳光中的紫外线可刺激皮肤中的黑色素，诱发雀斑等皮肤病变，影响你的容貌，因此医学美容专家将阳光称为皮肤健美的敌人，强调女性尤其要当心，即使是寒冷的冬天里“紫外线”也依然强烈。

防晒，除了要做足“表面功夫”外，也不能忽略从“内在”加强防晒，多吃“防晒”食物。台湾《康健》杂志报道指出，阳光中的紫外线会刺激皮肤产生大量氧化自由基，而自由基会破坏皮肤细胞组织，加速黑色素生成的氧化反应，让皮肤变得暗沉、粗糙且失去弹性，也使皮肤的抵抗力降低。因此，“防晒”食物就是能提高抗氧化力、帮助清除自由基的食物。由此可见，多吃些防晒的水果能够抵挡强烈的紫外线，让皮肤更美白。那么，应该怎样吃才能够达到最好的效果呢？

适量摄取黄红色蔬果　红橘黄色蔬果及深绿色叶菜，多半富含胡萝卜素及其他的植物化学物质，有助于抗氧化，增强皮肤抵抗力。所以，要多食用一些如胡萝卜、芒果、西红柿、木瓜、白薯、南瓜、空心菜等。

大豆制品　多吃大豆也能够防晒美白。大豆是女性维持光泽细嫩皮肤不可缺少的一类食物，它含有的异黄酮素是一种植物性雌激素，有效地防止皮肤老化。还具有抗氧化能力，能够有效抵制紫外线。所以，尝试用大豆制品，例如豆腐、豆浆都对于防晒美白很有效。

食用巧克力　女性朋友爱吃的巧克力也是防晒美白的食品。它含有多种丰富的抗氧化物，适量摄取对皮肤非常有益。可可纯度愈高的巧克力，功效愈好。

多多饮茶　喝绿茶可以防止日晒导致皮肤晒伤、松弛和粗糙。几乎未发酵的绿茶里含有最多儿茶素，半发酵的乌龙茶次之，而全发酵的红茶里则最少。健康人一天可喝 2～4 杯茶，并依自己身体情况调整，或者不同类型的茶换着喝。

食用坚果　坚果含有丰富的蛋白质、脂肪、钾质、铁质、维生素 C 和维生素 E 等营养成分，其中蛋白质和脂肪能补充人体的磷质，增强身体细胞的活力，使细胞加速生长，可以有效防晒，修复损坏的肌肤。

3. 天然的美白圣品

女性如果拥有光滑白皙的肌肤是很令人羡慕的！然而如果我们只注重外在的保养，而不注重内在的调理也不能达到完美的效果。

所谓“容光焕发”必须是由内而外的，肌肤若是气血充足，红润而有光泽，自然就显得年轻而光彩。所以，真正的美白必须内外结合，我们既要选对保养品，也要多摄取一些对美白有帮助的食物，这样才能做到事半功倍。

食物能从各方面调节体内生理机能，把内在调理好，让五脏都健康，就可以让人自然而然地散发白里透红的外在美。所以，想要美白，就要经常吃这些“美白圣品”。能够美白的食物很多，下面就介绍几种最常见最有效的美白食物。

西红柿　西红柿中含丰富的维生素C，被誉为“维生素C的仓库”，所以美白效果很好。每日吃上 1～2 个西红柿或者喝 1 杯西红柿汁，对肌肤美白有较好的作用。

黄瓜　黄瓜富含钾盐以及维生素 C、维生素 B_1、维生素 B_2、胡萝卜素、糖类、蛋白质以及磷、铁等营养成分。经常食用黄瓜，能消除雀斑、增白皮肤。

柠檬　柠檬富含维生素 C、柠檬酸、苹果酸、高量钠元素和低量钾元素，常饮柠檬汁，可以白嫩皮肤，防止皮肤血管老化，消除面部色斑，还能够防止动脉硬化。

薏仁 薏仁又名薏苡仁、苡米、苡仁，有利水消肿、去湿舒筋的效用。它所含的维生素 B_1、维生素 B_2 可以滋润肌肤，减少皱纹，消除色素斑点；长期食用，能美白肌肤，改善面部斑点。同时，它所含的蛋白分解酵素能软化角质，对皮肤粗糙的人很有帮助，但是体质偏凉者不宜常食。

核桃 核桃中约含 40%～50%的脂肪，主要的成分亚麻油酸，是人体理想的肌肤美容剂。多食用核桃，皮肤就会变得细腻光滑，富有弹性。另外，核桃含有丰富的磷脂，可以增加肌肤细胞的活力。

牛奶 牛奶是经典的美白食品。它含有丰富的乳脂肪、维生素与矿物质，具天然保湿效果，而且容易被皮肤所吸收，能防止肌肤干燥，并可修补干纹，美容效果极佳。牛奶丰富的蛋白质是女性内分泌系统制造必须来源，令体内新陈代谢活动能有效进行，因此，美白肌肤的效果很好。

包菜 包菜含丰富维生素 E，能防止过氧化脂质引起的色素沉淀，能够美白肌肤，预防皮肤衰老。

甜杏仁 甜杏仁富含蛋白质、脂肪、维生素以及钙、铁等微量元素，膳食纤维的含量在坚果中最多，可以润肺清肠，促进皮肤微循环，对于滋润、美白皮肤有很好的作用。

4. 美白饮食　让你更白

美白是女性一生的追求，正所谓“一白遮三丑”，皮肤白皙娇嫩的女性，通常能获得较多的疼惜，因此白皙是爱美女性不懈的追求。以下介绍的几种美白方法，具有美容养颜的功效，能够针对你对“白”的不同需要，让你在吃吃喝喝中就能够慢慢地把气色调整过来，将美白轻松搞定。

银耳粥

原料　银耳 7g，粳米 500g，红枣 5 个，冰糖 50g。

做法　银耳用开水发涨、洗净，粳米用清水淘洗干净，红枣洗净。把粳米、银耳、红枣放在砂锅里，加入清水 1000ml，慢煮至米粥汤稠，表面浮有粥油，放入冰糖，再煮 5 分钟即可。早晚服食。

功效　特别适用于面部干燥脱屑、黄褐斑者服用，常食用可使面色洁白。

脊肉粥

原料　猪脊肉200g，粳米300g，食盐、香油、川椒各少许，盐、葱花各适量。

做法　将猪脊肉切成小块，用香油稍炒，再放入粳米煮成粥。待粥熬熟后，再加入精盐、川椒，再煮沸片刻。可长期食用。

功效　猪脊肉具有滋肝阴、滑肌肤的功效，与粳米煮粥可使肌肤白嫩。

白果豆腐虾

原料　白果20粒，豆腐100g，虾仁100g，红椒2个，熟蛋白2个，珍珠粉3克，水发冬菇丝少许，盐、葱花各适量。

做法　将豆腐切成丁，与白果一起在沸水中焯3分钟后盛盘。中火烧热炒锅中的油，将葱花炒香后，放入虾仁、红椒及冬菇，加盐炒3分钟，最后加入白果及熟蛋白，30秒后起锅装人豆腐盘中即成。

功效　嫩滑肌肤、滋养美白。

双仁美白饮

原料　薏仁、甜杏仁各100g，奶粉适量。

做法　将薏仁及甜杏仁研磨成细粉状，冲入奶粉后冲泡饮用。

功效　三物合用能使美白功效加倍，令肤色白嫩、光滑，具有弹性；即使是天生皮肤黑黄的女性，只要经常饮用这种饮料，也能让皮肤慢慢变得细腻白净。

黄瓜嫩肤粥

原料　大米100g，黄瓜300g，精盐2g，生姜10g。

做法　将黄瓜洗净，去皮去心切成薄片。大米淘洗干净，生姜洗净拍碎。锅内加水约1000ml，置火上，下大米、生姜，大火烧沸后，改用文火慢慢煮至米烂时下入黄瓜片，再煮至汤稠，人精盐调味即可。一日2次温服。

功效　润泽皮肤、祛斑、减肥。

核桃粥

原料　核桃50g，粳米适量。

做法　核桃去皮研碎，加水搅拌，过滤取汁，将粳米煮熟后加入搅拌即可食用。早晚长期服用。

功效　核桃能润泽肌肤、白嫩面容，与粳米煮粥适用于体虚、面黑、憔悴的女性。

蜜汁花生枣粥

原料　红枣7个、花生50g、蜂蜜适量。

做法　把红枣和花生用温水泡后，放入锅中加水适量，小火煮到熟软，再加入蜂蜜食用。

功效　红枣补气，花生衣补血，花生肉润肺，蜂蜜补气，综合调养使女性面色红润。

栗子白菜煲

原料　生栗子5个，白菜条200g，鸭汤、盐、味精各少许。

做法　把生栗子去壳，切成两半，用鸭汤适量煨至熟透，再放入白菜条200g，入味精、盐调味即可。

功效　面容黑黯的原因是肾气不足，阴液亏损，而栗子健脾补肾，白菜补阴润燥，综合调护使面色白皙明亮。

杏仁粥

原料　杏仁10g，粳米100g。

做法　先将杏仁研成粉末状，待粳米煮稠后，放入杏仁粉再继续煮沸即成。早晚服用，隔日1次。

功效　杏仁具有增强记忆、减轻失眠、润白肌肤等功效。

去掉烦人的“皱纹”

1. 皱纹的成因

“魔镜！魔镜！谁是世界上最美丽的女性”？如果，有一天魔镜不再对你说你是世界上最美丽的女性；如果，揽镜自照，你发现你的脸上开始出现小细纹，或是肌肤松弛下垂不再有弹性的时候，你是不是正在担心——“我老了吗”？

是的，就生理而言，细纹是皮肤老化最初的征兆，细纹进一步发展成皱纹。皱纹是每一位女性最为恐惧也最不愿看到的东西。但是岁月无情，25岁以后，由于自身生理的变化导致皮肤真皮层不断变薄，就会开始形成不易察觉的皱纹，随着年龄的增长，皮肤干细胞以每年约1%的速度减少，纤维细胞和胶原蛋白也同时减少，弹性变差，逐渐出现皱纹。岁月的年轮就会不知不觉地爬山了眼角额头。

除了衰老的原因，女性身体衰弱，各种慢性病、贫血、营养不良、失眠、精神压抑等内在因素，直接日晒和皮肤污垢，以及不正确的使用化妆品等外在因素，都是过早产生皱纹的诱因。

但也不用过于担心，皱纹是可以被消除，或被改善的；而对于尚未出现细纹的年轻人而言，更可加以预防，延缓皮肤老化的时间。

要想远离皱纹，就要针对性地进行。改善不良生活习惯，保持乐观开朗的良好心境，及早治疗各种慢性病，合理使用化妆品，坚持面部按摩都可以延缓或消除小皱纹。而饮食疗法同样起到较好的防皱、消皱的作用。因为某些食物富含某种特殊成分，这些成分能延缓皮肤的衰老过程，强化弹力纤维的构成，增加皮肤的弹性，因而有助于消减皱纹。

多食富含蛋白质的食物 蛋白质中的胶原蛋白能使细胞变得丰满，从而使肌肤充盈、皱纹减少，使人的皮肤光滑而富含弹性。富含优质蛋白质的食物主要有乳类、蛋类、猪皮、猪蹄、鸡爪等，适当多食，有助于维护皮肤的正常功能，防止干裂、粗糙。

多吃富含核酸的食物 核酸是一种葆春物质，它能延缓衰老，又能健肤美容。经科学验证，女性每天服用核酸约 800mg，4 周后脸部皱纹大部分消失，粗皱皮肤变得光滑细腻，老年斑也逐渐减少。含核酸丰富的食物有鱼、虾、动物肝脏、酵母、蘑菇、木耳、花粉等。

多吃些富含碱性的食物 碱性食品包括绝大部分蔬菜、水果、豆制品和海产品等。多吃些碱性食物，可使血液呈现弱碱性，减少乳酸、尿素的含量，减轻对皮肤的侵蚀、损害。

多吃富含胶原蛋白的食物 例如，猪皮、猪蹄、甲鱼等。特别是肉皮中的蛋白质，主要成分是胶原蛋白。这种胶原蛋白具有增加皮肤贮水的功能，滋润皮肤，保持皮肤组织细胞内外水分的平衡。胶原蛋白是皮肤细胞生长的主要原料，能使人体皮肤长得丰满、白嫩，使皱纹减少或消失，使人显得年轻。

多食富含维生素 C 的食物 维生素 C 属于抗氧化剂，可以有效阻止皮下脂肪氧化，增强皮肤老化、干燥。富含维生素 C 的食物主要有各种植物油、鲜蔬菜和水果类。

适当补充水分 水是生命之源，又是美容之本。人体得不到充足的水分，皮肤会因缺水而变得干燥，皮脂腺分泌减少而使皮肤粗糙，进而加速皮肤老化，促使皱纹形成。因此，人们在日常生活中要每天补充 2000ml 水，尤其是在剧烈运动或劳动后，气候干燥的季节，尤其需多饮水，以保持皮肤弹性。

2. “皱纹”天敌

抗皱食品是许多女性的追求，不惜大量金钱去购买贵重的化妆品。其实，在大自然中有许多食物就能够起到良好的防皱、除皱的作用。这些食

物能够延缓皮肤的衰老过程，强化弹性纤维的构成，增加皮肤的弹性，因此能够有效地去除皱纹。以下为营养学家推荐的几款抗皱食品，希望对你有所帮助。

芝麻　芝麻是抗衰防皱的有效食品，含有丰富的维生素以及不饱和脂肪酸等，能够抗衰老，减少体内的脂褐质的积累，这些都可以起到防衰抗皱的效果。

花生　花生营养丰富，是一种高蛋白油料作物，其蛋白含量达到30％，其营养价值可以与动物性食品鸡蛋、牛奶等相媲美。花生中还含有8种人体所必需的氨基酸以及丰富的脂肪、卵磷脂、维生素等，能够有效地去除皱纹。

酸奶　人的皮肤每天都有几百万表皮细胞死亡，酸牛奶中含酸性物质，有助于软化皮肤的黏性物质，能去掉死细胞，在此过程中皱纹也可消除。

肉皮　多吃肉皮能使贮存水功能低下的组织细胞得到改善，同时，人体可利用肉皮中的营养物质充分合成胶原蛋白，然后通过体内与胶原蛋白结合的水，去影响特定组织的生理功能，减少皱纹，使皮肤保持光滑。

啤酒　啤酒含酒精少，其所含鞣酸、苦味酸刺激食欲、帮助消化及清热的作用，还含有大量维生素B、糖和蛋白质。适量饮用啤酒，可增强体质，减少面部皱纹。

鸡骨　对皮肤最重要的是硫酸软骨素，如果营养中缺少它，皮肤就会起皱纹。而这种硫酸软骨素在鸡的皮及软骨中含量比较多。吃鸡时把剩下来的鸡骨头熬汤（鸡皮最好加在一起熬），营养丰富。常喝这种汤，能消除皱纹。

茶叶　茶叶含有丰富的化学成分，其中主要有茶多酚类、茶素（咖啡因），芳香系化合物，碳水化合物、蛋白质、多种氨基酸、维生素、矿物质及果酸等，是天然的健美饮品。它能保持皮肤光洁白嫩，推迟面部皱纹的出现和减少皱纹，还可以防止多种影响面部的皮肤病。

蜂蜜　早上空腹喝一杯槐花蜂蜜或是枣花蜂蜜，既可防止皱纹，又可排毒，长期坚持效果非常明显。

3. 品美味 破“皱”语

大事百合粥

原料 大枣 12 个，小麦仁 60g，甘草、百合各 10g，红糖 30g。

做法 将甘草、百合洗净，共煎汁；将大枣、小麦仁、药汁及红糖一起放在沙锅内，同煮成粥。趁热食用，每天 1～2 次。

功效 具有益气健脾、宁心安神、除烦润肤功效。长期食用可使皮肤红润细白，还可防止皮肤衰老，减少皮肤皱纹。

薏苡仁莲子百合粥

原料 薏苡仁 20g，百合 5g，莲子 6g，枸杞子、冬瓜仁、杏仁粉各 10g，大米 100g。

做法 将薏苡仁、莲子放碗内，加水适量置蒸锅蒸熟，再与洗净的百合、枸杞子、大米同煮粥，粥熟后调入冬瓜仁、杏仁粉再煮片刻即可。一日服 2 次，早晚空腹食用。

做法 美肤去皱、光泽皮肤、美肤驻颜。

银耳菊花糯米粥

原料 银耳 10g，菊花 5 朵，糯米 50g。

做法 将菊花洗净、银耳水发同糯米煮粥。粥熟后调入蜂蜜服用，一日 2 次。

功效 具有补气血、嫩皮肤、美容颜的功效。常服可使人肌肤丰满、嫩白光润，适用于颜面苍老，皮肤粗糙干皱。

香蕉奶糊

原料 香蕉 5 根，淡奶 250g，麦片 200g，葡萄干 100g。

做法 诸料入锅用文火煮好，再加点蜂蜜调味，早晚各吃 100g。

功效 润肤去皱。

美肤祛皱饮

原料 芹菜、花椰菜、西红柿、红葡萄、柚子、橘子、蜂蜜、牛奶各适量。

做法 将芹菜、花椰菜、西红柿、柚子、橘子同搅汁；葡萄单独榨汁

备用；将蜂蜜和牛奶加温水调匀。以上共混合均匀即可饮用。每日1～2次。

功效　经常服用具有丰肌泽肤及减轻皮肤皱纹功效，使皮肤嫩白红润、富有光泽。

桑葚葡萄粥

原料　桑葚子、白糖各30g，葡萄干10g，薏苡仁20g，粳米50g。

做法　将桑葚子、薏苡仁洗净，用冷水浸泡数小时。洗净粳米，置铁锅中，加桑葚子、薏苡仁及浸泡水，加葡萄干，先用旺火煮沸，再改用小火爆粥，粥成时加入白糖，拌匀。每日1剂，早晚各1次。

功效　滋阴补肾、健脾利湿、丰肌泽肤。适用于身体虚弱，体瘦而皮肤皱纹多、不光洁者。

鸡皮蘑菇汤

原料　熟鸡皮200g，酱油15g，干蘑菇50g，味精、绍酒、熟鸡油、姜片、上汤等各适量。

做法　将熟鸡皮切成片，放在碗里，加入上汤、绍酒、姜片、味精等，上笼屉用微火蒸10分钟取出，拣去姜片，蒸汁待用，鸡皮片装人汤碗。将干蘑菇水发后切片，放入小盆，加上汤、熟鸡油，上笼屉用微火蒸5分钟取出，蒸汁待用，蘑菇装在鸡皮片上。炒锅置中火，倒入上汤及鸡皮、蘑菇蒸汁，加入酱油、绍酒、味精调匀，烧沸时起锅，浇在鸡皮、蘑菇上即成。

功效　鸡皮富含软骨素硫酸，蘑菇富含核酸，常喝鸡皮蘑菇汤，能使皮肤光滑，有效地防止皱纹的产生。

留住美丽去掉“痘”

1. 饮食除“痘”秘籍

青春痘大概是最让爱美的女性头疼的事，一旦长了“痘痘”，则不是在很短时间内就可以消除的。女性是美丽的象征，然而一个漂亮可爱的女性在美丽的面容上来些“星星点点”的点缀，的确是有碍观瞻，美丽也会离她而去，更要命的是，严重的时候甚至可以导致毁容！

青春痘学名“痤疮”，因好发于青少年，所以叫做青春痘，但它并不是青少年的专利，30 岁以上甚至 40 岁以上发病的也很常见。轻微的为生理性（正常），不需药物治疗，平时注意饮食即可（如油腻辛辣食物等）。较重的就是一种病理现象，中医又称痤疮、粉刺、毛囊炎、小疖子、暗疮等。

青春痘的损害有非炎症性和炎症性两大类。粉刺一般是无炎症的，但是毛囊内含有一种特殊细菌：粉刺棒状杆菌，通过这种细菌的作用产生溶脂酶，使皮脂分解出一种游离脂肪酸，该酸刺激毛囊表面而造成炎症反应，在皮肤上形成红色丘疹，如果用手乱挤，继发感染则形成脓疮，以后会留下疤痕或使许多汗毛孔变得很粗大。

青春痘病因非常复杂，中医学认为是肺胃有热、肝气郁结所致；西医学则认为其主要是由于雄性激素的水平增高，刺激皮脂腺充分发育，使皮脂分泌增多，皮脂通过毛囊口排到体外，如果毛囊口阻塞，皮脂就在毛囊内积聚，在皮肤上形成一颗米粒大小的疙瘩。如果用手挤可挤出细条状乳白色豆渣样的物质，阻塞处经过空气的氧化，在其顶端常有一个黑点，称

为黑头粉刺。另外，个人精神、饮食、环境等因素也与青春痘的发病有密切的关系。

有些女性会发觉在月经周期前后或在熬夜与压力大时萌发青春痘。精神过于紧张或忧虑，会刺激肾上腺素的产生，肾上腺素本身即可进行雄性荷尔蒙素的正常生长，进而刺激油脂的分泌。有些女性在成人期会出现油性皮肤，大部分是由于皮脂腺容易吸收雄性荷尔蒙，并刺激皮脂的分泌造成的。

有些女性常用洗面奶洗脸，以为这样可以去除“痘痘”。其实不然，这样反倒会刺激其生长。因为洗面奶中的化学成分会刺激油脂分泌增多；另一方面，洗脸多了，皮肤表面的压力减轻，无意中就会促进皮脂腺的分泌。因此，每天用温水洗脸的次数要适当。

用手挤小痘痘不但会给脸上留下疤痕，而且这样做也是很危险的，因为面部的静脉没有静脉瓣膜，血液可以在血管内向心或离心流动，如果强行挤压小痘痘，细菌会侵入血液中，沿鼻外或上唇静脉，眼上、下静脉进入海绵窦，引起严重的颅内海绵窦感染，会危及生命。

青春痘与饮食有很大的关系。随着人们生活水平的提高，食物结构中动物性脂肪、蛋白质的比例大幅增长。由于动物性脂肪及其加工品或奶油、油炸物等食物会促进皮脂腺旺盛地分泌皮脂，促使青春痘生长及恶化。另外，香、辣、刺激的调味品及酒也有促进微血管扩张的效果，因而刺激皮脂分泌过剩，使皮肤长出青春痘。

除此之外，甜食也是诱发青春痘的主要因素，如蛋糕、巧克力、红豆汤、冰淇淋、果汁、香蕉、饼干等都是年轻人喜欢的甜食，须多加留意。爱运动的人若常喝可乐等清凉饮料来解渴，这些饮料中含有的糖分对于青春痘的预防亦有负面影响。在医学理论上讲，甜食、巧克力、冰淇淋，容易使青春痘恶化，是因为其含高糖及高脂肪物质，易使皮脂腺分泌增加。然后再加上皮脂腺开口容易阻塞，这样就比较会长青春痘。总之，青春痘患者还是少碰这些高热量食物为妙。

人体的健康是由食物来控制和调节，因此，从根本上治疗青春痘的关键乃在于饮食的均衡。

如果饮食不规律，想保持健康的身体是不可能，更无法拥有不长青春痘的健康肌肤。所以说，细心的注意饮食摄取是预防青春痘的第一步。

首先要改变不良的饮食习惯，多吃能使体内血液变成碱性的蔬菜、水果，少吃高脂肪、高糖及刺激性食物。具体应注意以下几个方面的饮食宜忌。

宜吃富含维生素 A 和维生素 B 的食物 维生素 A 有益于上皮细胞的增生，能防止毛囊角化，消除粉刺，调节皮肤汗腺功能，减少酸性代谢产物对表皮的侵蚀。含维生素 A 丰富的食物有：胡萝卜、韭菜、荠菜、菠菜、动物肝脏等。维生素 B_2 能促进细胞内的生物氧化过程，参与糖、蛋白质和脂肪的代谢。各种动物性食品中均含有丰富的维生素 B_2，如动物肝脏、瘦肉、乳类、蛋类，含维生素 B_2 的还有绿叶蔬菜。维生素 B_6 参与不饱和脂肪酸的代谢，对本病防治大有益处，含维生素 B_6 丰富的食物有蛋黄、瘦肉类、豆类及白菜等。

宜食富含锌的食物 这类食物也有控制皮脂腺分泌和减轻细胞脱落与角化的作用，这种食物主要有瘦肉类、牡蛎、海参、海鱼、蛋类等。

宜食清凉祛热食品 痤疮患者大多数有内热。饮食应多选用具有清凉祛热、生津润燥作用的食品，如瘦猪肉、猪肺、兔肉、鸭肉、黑木耳、蘑菇、芹菜、苋菜、莴笋、丝瓜、苦瓜、西红柿、绿豆、黄豆、莲藕、梨、山楂、苹果、西瓜等。

要注意多喝水 水可将体内之废物排泄出去，可以调节体内荷尔蒙的分泌，对于治愈青春痘有很好的作用。

除上述之外，注意保持排便的通畅正常，要有充分的睡眠，多用清水洗脸，且尽量少用化妆品、少用手去挤青春痘，这样，除了可以降低对皮肤的伤害，也可减少青春痘的发炎程度。

2. 用美味去战“痘”

三鲜汁

原料　胡萝卜（中等大小）1 个，芹菜 150g，洋葱 1 个。

做法　将上述三样食物洗净后放入榨汁机中榨汁，饮用，一日 1 次。

功效　清热解毒，祛火。可辅助防治痤疮。

枇杷蜂蜜膏

原料　鲜枇杷叶（洗净去毛）1000g，水8000ml。

做法　将鲜枇杷叶煎煮3小时后过滤去渣，再浓缩成膏，兑人蜂蜜适量混匀，贮存备用。每次吃10～15g，一日2次。

功效　清解肺热、化痰止咳。适用于痤疮、酒糟鼻等。服药期间忌食辛辣刺激性食物及酒类。

三物薏米粥

原料　海藻、昆布、甜杏仁各9g，薏米30g。

做法　将海藻、昆布、甜杏仁加水适量煎煮，弃渣取汁液，再与薏米煮粥食用，一日1次，3周为1个疗程。

功效　活血化淤、消炎软坚，适用于痤疮。

桃仁山楂粥

原料　山楂、桃仁各9g，荷叶半张，粳米60g。

做法　先将前三味煮汤，去渣后入粳米煮成粥。一日1剂，连用30日。

功效　适用于痰淤凝结者所致的痤疮。

海带绿豆汤

原料　海带、绿豆各15g，甜杏仁9g，玫瑰花6g，红糖适量。

做法　将玫瑰花用布包好，与各料同煮后，去玫瑰花，加红糖食用。一日1剂，连用30日。

功效　适用于防治痤疮。

醋煎木瓜

原料　陈醋100ml，木瓜60g，生姜10g。

做法　将3味共放入砂锅中煎煮，待醋煮干时，取出木瓜、生姜食之。一日2次。连用7日。

功效　对脾胃痰温所致的粉刺有效。

鸽杞粥

原料　枸杞30g，白鸽肉、粳米各100g，细盐、味精、香油各适量。

做法　洗净白鸽肉，剁成肉泥。洗净枸杞子和粳米，放入沙锅中，加白鸽肉泥及适量水，文火爆粥，粥成时加入细盐、味精、香油，拌匀。一日 1 剂，分 2 次食用，5～8 剂为 1 个疗程。

功效　排毒、养阴润肤、消痈退肿。适用于皮肤有感染、脸生粉刺者。

薏米海带双仁粥

原料　薏米 15g，枸杞、桃仁各 15g，海带、甜杏仁各 10g，绿豆、20g，粳米 50g。

做法　将桃仁、甜杏仁用纱布包，水煎取汁，加入薏米、海带、枸杞、粳米同煮粥吃。一日 2 次。

功效　清热解毒、活血化淤、养阴润肤。适用于防治痤疮。

七味绿豆饮

原料　小白菜、芹菜、苦瓜、柿椒、柠檬、苹果、绿豆、蜂蜜各适量。

做法　先将绿豆煮 30 分钟，滤其汁；将小白菜、芹菜、苦瓜、柿椒、苹果分别洗净切段或块，搅汁，调入绿豆汁，滴入柠檬汁，加蜂蜜调味饮用。一日 1～2 次。

功效　清热解毒、防治粉刺。

让脸孔不再“斑斑点点”

1. 赶走烦人的“雀斑”

每一位女性都希望自己的脸色好看，能够给别人一个美好的形象，同时自己也会倍感精神与自信。但是有不少的女性脸颊上或者鼻子两旁都会有一些褐色的斑纹，这就是讨厌的雀斑。正是这讨厌的雀斑给人一种“雾里看花”、“云中望月”的感觉，无论多少美丽的脸庞也要大打折扣，严重影响女性的美好形象。

雀斑是相当常见的一种皮肤病，发于颜面，多为圆形或卵圆形，针头或米粒大小的棕褐色或黑色小斑点，不高出皮肤表面，似雀卵上的褐色斑，故而称为雀斑，常左右对称，主要分布于面颊部、手背及背部。

由于雀斑影响美容，所以爱美的女性就称之为“美肤的阴影”。美丽的肌肤上之所以会出现雀斑，除去遗传这个主要的原因外，紫外线的照射以及内分泌失调等也是常见的原因。

日光中的紫外线照射是色斑形成的重要原因，这也是夏季需要防晒的原因所在。当皮肤接受过多日光照射时，表皮就会产生更多的黑色素颗粒。在晒过太阳后皮肤会变黑就是这个道理。而且，紫外线的照射会引起黄褐斑，普通雀斑颜色也会加深。

内分泌失调也是女性产生色斑的一个重要原因，经期和妊娠期的体内性激素水平的变化，会影响黑色素的产生。另外，内分泌不稳定时通常引起情绪不稳定，也会间接引起形成色斑。

还有就是生活习惯以及生活的问题。压力、偏食、睡眠不足等不良生活习惯也会令黑色素增加。所以，睡眠时间不足的人，皮肤的代谢率也不佳，会影响黑色素颗粒的产生，从而形成雀斑。

既然色素细胞、黑色素单位的活动与饮食也有关系，那么通过调整饮食就能够影响色斑的深浅与多寡。

减少脂肪的摄入量　含脂食物吃得越少越好，同时要控制植物油的摄取量（一般一天不超过 20g，即 2 匙左右）。

多吃富含维生素的食物　如白菜、韭菜、豆芽菜、瘦肉等，尤其是豆类食物。多食用海带等海藻类及菌类食物。多吃食物纤维丰富的牛肉等。多食贝壳类和甲壳类食品，海产品富含硒和锌两种重要的抗氧化物，如牡蛎、金枪鱼、墨鱼等对于祛斑很有好处。

适当多喝清水或绿茶　绿茶有助于脂质代谢而减少油脂，但要控制果汁及可乐的摄取量。

当然，还要注意适当进行跑步等体育锻炼和皮肤按摩活动。坚持每天早晚两次按摩面部，对于去斑都很有好处。

2. 吃出一个好脸色

有的人的脸色晶莹剔透，好像是刚剥了皮的鸡蛋一样，让人忍俊不禁的想要亲吻一下，而有的人脸色却像是百年的老树皮一样，暗淡无光，黝黑粗糙。同样是一张脸，为什么差别就这么大呢？

雀斑、黄褐斑、色素斑是爱美女性眼中永远的“钉”，作为女性都想摆脱肌肤色斑的困扰，保持“瓷样肌肤”。

其实，这不单单是脸色的问题，这和身体的机能息息相关，没有健康的身体，脸色当然如百年的老树皮；身体健康的人，脸色自然晶莹剔透，上下散发着光彩。所以，要养颜美容，最重要的是要“打好内功”，当体质调整好，皮肤自然就散发出诱人的光彩了。

中医认为，黄褐斑、雀斑、色素斑与人体阴阳失调、气血不和有很大关系，西医则认为这些症状与内分泌失调有关。无论是中医还是西医都认为，局部的色斑应透过人体全身状态的调整予以治疗，而不是局限于对局部斑块的处理，也就是所谓的“治表必须治本”。

治本的方法很多，而饮食是拥有好脸色的首要方法。想要拥有“瓷样肌肤”，就要注意以下几方面：

摄取含维生素的食物 维生素能够保持皮肤的细嫩，而维生素A、维生素B是皮肤不可或缺的营养素。缺乏维生素A，脸色就会变得干燥、粗糙；如果缺乏维生素B，甚至会出现龟裂。所以，要多食用富含维生素的食物，例如牛奶、奶油、水果蔬菜等。

补充碱性食品 人们常食用的肉类、蛋类等都属于酸性食品。酸性食品会使体液和血液中的乳酸和尿酸含量增高。如果有机酸不能够排除，就会侵蚀表皮细胞，让皮肤失去弹性。所以，要多补充碱性的食物来中和酸性物质，例如蔬菜水果等。

多食用含铁质的食物 铁是构成血液血红素的主要成分，能够使脸色红润。补充铁质，可以多食用蛋黄、海带、紫菜、红枣等。

补充胶原蛋白 胶原蛋白能够滋润细胞、减少皱纹，使皮肤有弹性。富含胶原蛋白的食物有动物的筋腱、猪蹄、猪皮等。

多补充水分 人体的72%都是水分，缺乏水分皮肤就会出现干燥，会长出皱纹。所以，一名女性每天要补充1200ml水分，才能够有好的脸色。

3. 用食物拒绝“色斑”

薏米 薏米就是薏苡仁，主要成分为蛋白质、维生素B_1、维生素B_2，具有使皮肤光滑，减少皱纹，消除色素斑点的功效，长期饮用，能治疗黄褐斑、雀斑、痤疮，使斑点消失并滋润肌肤。而且它能促进体内血液和水分的新陈代谢，有利尿、消水肿的作用，也被当作节食用品。

黄瓜 现代科学研究证明，黄瓜富含钾盐和一定数量的胡萝卜素、维生素C、维生素B_1、维生素B_2、糖类、蛋白质以及钙、磷、铁等营养成分。经常食用，能消除雀斑、增白皮肤。

西红柿 西红柿中含丰富的维生素C。维生素C可抑制皮肤内酪氨酸酶的活性，有效减少黑色素的形成，从而使皮肤白嫩、黑斑消退。因此，每日喝1杯西红柿汁或经常吃西红柿，对防治雀斑有较好的作用。

胡萝卜 胡萝卜中含有丰富的维生素A原，其原在体内能够转化成维生素A，能够防止皮肤粗糙，有效地阻止雀斑的产生。

丝瓜 丝瓜汁有“美人水”之称。因为丝瓜中含有防止皮肤老化的维生素B_1，增白皮肤的维生素C等成分，能保护皮肤，是消除雀斑、增白皮肤、去除皱纹的不可多得的天然美容剂。长期食用或用丝瓜液擦脸，还能使皮肤变得光滑、细腻，具有抗皱消炎，预防、消除痤疮及黑色素沉着的特殊功效，是不可多得的美容佳品。

萝卜 萝卜含水量高、热量低，富含膳食纤维、钙、磷和铁，维生素C和叶酸，萝卜可抑制黑色素形成，使皮肤白净细腻。萝卜中的维生素C能促进皮肤和细胞间的胶原蛋白的生成，可减少皱纹的生成。另外，肠道内大肠杆菌会分解蛋白质产生有毒的氨类物质，吸人血液后加速机体老化，而萝卜能够抑制这种不利因素，从而起到养颜益血、消除雀斑的作用。其富含的纤维素又容易让人产生饱胀感，也是减肥佳品。

豆芽 绿豆在发芽的过程中，维生素C增加很多，还有其中所含的植物性蛋白质以及维生素B族及钙、磷等矿物质，对面部雀斑有较好的淡化作用，而黄豆芽效果尤佳。

豌豆 豌豆富含维生素A原，其将在体内转化为维生素A，可起到润泽皮肤的作用。在豌豆荚和豆苗的嫩叶中富含维生素C和能分解体内亚硝胺的酶，可以分解亚硝胺，具有抗癌防癌的作用。

银耳 银耳富有天然植物性胶质，加上它的滋阴作用，长期服用可以润肤，并有祛除脸部黄褐斑、雀斑的功效。银耳富含维生素D，能防止钙的流失，对生长发育十分有益。银耳也是一味滋补良药，具有补脾开胃、益气清肠、安眠健胃、补脑、养阴清热、润燥之功，对阴虚火旺、不能耐受参茸温补的病人是一种良好的补品。

4. 吃掉脸上的斑点

菠菜芹菜粥

原料 菠菜250g，芹菜250g，大米100g。

做法 将芹菜切段，大米洗净人锅，加清水适量，用大火烧沸，再用小火煮30分钟后，加入芹菜、菠菜，烧沸，打开盖再煮10分钟即成。

功效　养血润燥、消除雀斑。

绿豆银耳羹

原料　绿豆150g，银耳50g，冰糖适量。

做法　将绿豆洗净，去杂质；银耳用温水发透，去蒂根，撕成瓣状；冰糖打碎。把绿豆、银耳放入炖锅内，加水400ml。把炖锅用大火上烧沸，再用小火煎煮1小时，加入冰糖即成。

功效　养阴润肺、清热解毒。

淮杞椰子鸡汤

原料　淮山药20g，枸杞子30g，椰子肉半个，仔鸡1只，生姜、精盐各适量。

制作　先将淮山药、枸杞子洗净，椰子肉切碎，仔鸡去内脏剁碎，共入砂锅，加清水适量。大火煮沸，改文火煲3个小时，加生姜、精盐适量调味即可食之。

功效　滋补气血、养颜润肌去斑。

当归石决羊肉汤

原料　当归12g，石决明60g（锤碎，用纱布包好），红枣6个（去核），生姜5片，羊肉300g，精盐适量。

做法　当归、石决明、红枣、生姜、羊肉共入砂锅，加入适量清水，中火煲3个小时，用适量精盐调味即可食用。

功效　当归养血，石决明清肝明目，羊肉健脾和胃益阴。此方可使肌肤润泽，减少色素沉着，去雀斑、黄褐斑。

百合粥

原料　百合10g，粳米50g，白糖适量。

做法　先将百合洗净入锅，加入粳米和适量清水，同煮粥。1小时后，加入适量白糖调味即可。

功效　百合补脾肺，粳米能益脾和胃。两味合之，可去雀斑。

杞子柠檬汁

原料　柠檬1～2个，枸杞子20粒左右，冰糖适量。

做法　将柠檬、枸杞子榨汁，加冰糖适量饮用。

功效　常饮柠檬汁，不仅可以白嫩皮肤，防止皮肤血管老化，消除面部色素斑，而且还具有防治动脉硬化的作用。但是由于酸性过强，为避免伤胃所以加枸杞子、冰糖中和。枸杞子含有丰富的胡萝卜素、维生素 A、维生素 B_1、维生素 B_2、维生素 C、钙、铁等，可养肝明目、褪斑消斑。

美肤果姜汁

原料　胡萝卜 2～3 个、苹果 1 个，姜 1 段。

做法　将胡萝卜切成 2～3 寸长条状，苹果切成数块，姜切薄片，再将所有材料放入榨汁机里榨汁饮用。

功效　常饮能够使皮肤变得更光滑细腻，且可让人恢复活力。

落红蜜

原料　苹果 1 个，山楂 50g，西红柿 1 个，蜂蜜 1 汤匙。

做法　将苹果、西红柿切块，山楂洗净去核，最后一起放入榨汁机中。加蜂蜜一汤匙调味。

功效　本品可抑制皮肤内酪氨酸酶的活性，有效减少黑色素的形成，从而使皮肤白嫩、黑斑消退。而且本饮品取红色蔬果制作，有补血去燥、祛斑减脂的作用，还能松弛身心、帮助睡眠。

让“黑头”成为历史

1. 吃去鼻子上的“黑头”

鼻子是面部的焦点，但是如果鼻子上长满了令人讨厌的黑头，就会极大影响美好的形象。黑头对身体内在的健康其实并不构成严重的威胁，但黑头最大的危害在于有碍观瞻，使很多女性丧失了做美女的重要条件。

黑头是鼻子及鼻翼周围的硬化油脂阻塞物所形成的皮疹，当皮脂腺受到过分刺激，毛孔里面会充满多余的大量的油脂。此时，在鼻头及其周围部分，经常会有油腻的感觉，如果毛孔出口处有堵塞的情况出现，这些油脂会在毛孔里面越聚越多，就像吹气球一样把毛孔胀得特别大，俗称“毛孔粗大”。并且，由于鼻子及鼻翼部位的皮脂腺分泌的皮脂的成分与其他部位的皮脂组成有所不同——鼻子的皮脂腺分泌的油脂含有更多的不饱和脂肪酸，这些油脂非常容易被氧化或者被细菌、螨虫分解，最终形成黑色的、难闻的污垢，牢牢地堵塞于毛孔中间，成为黑色的小点，这些小点就是被称作黑头的油脂阻塞物。

由此可见，鼻子周围的皮脂腺分泌过于旺盛且其中的不饱和脂肪酸含量过高，加之毛孔堵塞，积聚于内部的大量皮脂被氧化、分解、硬化而形成污垢，堵塞在毛孔中是形成黑头的发病原因。从中医上讲，则主要是肺脾胃湿热，肝气郁结，湿热熏蒸于面部所致。

一般来说，尽量避免用一些油分太多的护肤品，特别是油性皮肤的朋友，过多的油分会刺激皮脂分泌，令更多的皮脂分泌物积聚在毛孔，增加黑头出现的机会。

治疗黑头有各种各样的方法，但是，好的皮肤是养出来的。专家指出，面部皮肤病的治疗，三分靠治、七分靠养。从中医的角度来说，血热、胃积热、血淤等都有可能造成黑头、粉刺、痤疮的出现。因此，还要从饮食上有所调整，忌吃一些过于油腻、辛辣的食物。

尽量少吃油炸、糕点、坚果类、巧克力等食物，这些食物都是能增加油脂分泌的。

2. 食物外用去黑头

青年时代的黑头粉刺多是因为新陈代谢过于旺盛导致的；而中青年时期的毛孔堵塞则多与精神压力大、皮肤新陈代谢缓慢有关，皮脂堆积后又接触到空气而氧化变黑。

想要远离黑头的困扰，就要注意日常保健，注意面部清洁，通过选择适宜的护肤品及认真彻底的洁面等日常护理，在注意保持皮肤清洁度的同时，还要平衡面部皮肤的水分及油分来改善皮肤。还要注意适当的饮食，注意避免油腻的食物以及烟酒的刺激，以减少油脂的分泌，预防黑头的生成。

当然，我们还可以用食物外用这一个绝招来彻底根除那些烦人的黑头。这些食物都是家庭中常见的，不过用起来的效果可不次于那些专业去黑头的产品。

蛋清　将薄化妆棉浸入蛋白，稍微沥干后贴在鼻头上；静待10～15分钟，待化妆棉干透后小心撕下。

鸡蛋壳内膜　把鸡蛋壳内层的膜撕下来贴在鼻子上，等干后撕下，对付黑头很有效。

米饭　每次蒸完米饭捏一小团在脸上轻揉，会把脏东西都带下来，

然后洗脸。

盐加牛奶　最好用没有用过的食盐，用4～5滴牛奶兑盐，在盐半溶解状态下开始用来按摩，按摩时用力必须非常轻；半分钟后用清水洗去，洗完后不要再擦任何东西在皮肤上。

小苏打去黑头　把一小勺小苏打，放在一个干净的器皿里，倒入少量热水，将其冲开，再放入冷水，之后将化妆棉放入苏打水里浸泡，取出，敷到鼻子上，待15分钟后取下，会有一些黑头浮在表面，等水分稍干，用水轻轻搓揉，就会有很多黑头被搓下来了。

盐　盐是家庭中很常见的食品，对于黑头有很好的效果。洗脸后趁皮肤没有干透，用细盐适量涂在鼻子上打圈圈按摩，感觉盐慢慢融化，继续按摩，过10分钟左右用清水洗干净。

3. 当心治疗黑头的误区

治疗黑头时，要注意以下几个误区：

用手挤　很多人都会用手去挤，但由于指甲易藏细菌，所以容易引致皮肤发炎，而且毛孔会越变越大。我们经常会看到有些人的鼻子上面有像橘子皮一样密布如米粒大的黑窟窿，这往往是由于经常用手挤黑头所致。因此，宁可不治疗黑头，也不要经常用手去挤黑头。

用刷擦　这种方法只适用于去死皮，并且需要用软刷子轻轻地擦。如去黑头，用刷子擦的作用不大，没有什么意义，若用力擦会擦损皮肤，导致疤痕形成。

经常用“强力鼻贴”拔除黑头　众所周知，强力鼻贴拔除黑头时，会有钻心一般的疼痛感，说明此时皮肤受到了严重的损伤。大量的事实证明，长期使用“强力鼻贴”会导致鼻子产生疤痕，严重的可以导致鼻子变形、早衰等严重不良后果。

禁忌用针清　部分患者经常到美容院用粉刺针清除黑头，殊不知这是非常危险的。且不说美容院的消毒措施远远达不到要求，用针清容易导致各种各样的感染，甚至有导致艾滋病的可能。最最主要的是用针清理黑头，极其容易产生疤痕。而且，这些疤痕是密密麻麻的不规则的小疤痕，非常难以消除掉。

使用含有激素的药膏　有些患者经常使用含有激素的药膏治疗黑头，不仅没有明显的疗效，而且还可以产生许多副作用。

第 3 章　吃出一双电眼

让自己的眼睛更明亮

1. 营养让你的眼睛会说话

常言道：眼睛是心灵的窗口。眼睛与人的容貌神韵密切相连。“翠眉凤目，眼含秋水”，这就是魅力女性的风情特写。无论是忧郁的、迷惘的、缥渺的、慵懒的、天真无邪的、眼藏烈焰的，只要会眼波流韵、顾盼生辉、传情达意，皆是美丽的源泉。女性的双眸不仅是文人的灵感源泉，秋波流传、顾盼生辉的双眸也是众多女性梦寐以求的美丽渴望。

然而，强烈的紫外线、环境污染、熬夜、加班、应酬，这些都在伤害着眼部娇嫩的皮肤，加重它的负担，夺去双眸的神采。有些女性觉得美眼只需要补补觉，贴敷隔夜的茶叶袋或者用用眼霜、贴贴眼贴膜，双眼就可以变得清澈、明亮。实际上，这样的方法只是能够去除表面上的一些现象。慢慢地，眼角的黑眼圈、眼袋、鱼尾纹越变越顽固，最终赶也赶不走。

美丽的双眼不是天生就长出来的，还得靠后天的栽培浇灌，由内而外全面美丽。因此，你必须对你的眼睛从根底上进行保养。

眼睛是一个高耗能、高耗氧的器官，如果要让眼睛既美又有神，应该要多摄取各种对眼睛具有补益作用的营养，包括维生素 A、维生素 E、维生素 C 以及蛋白质等。我们一日三餐都应该保证健康的饮食，而中医理论认为：“肝开窍于目”。因此，明目保健措施多以养肝肾之阴、补心肝血分、平肝潜阳、泻降肝火为主。

维生素 A 具有保护黏膜的效用，如果人体中严重缺乏维生素 A，黏膜

会变得干涩，眼睛也就失去明亮，不漂亮了，甚至皮肤也会角质化，变得粗糙，就像橡皮一般。维生素A是一种脂溶性的维生素，大多存在于动物体内，以肝脏中的含量最为丰富，蛋、奶、肉类也含有维生素A。另外，植物中的胡萝卜素在体内也可转换成维生素A。

维生素E具有抗氧化作用，紫外线及辐射线易引起过多自由基，使眼睛加速老化，如白内障、糖尿病视网膜病变、视神经萎缩等。抗氧化物质可帮助眼球对抗自由基的伤害，通过摄取有机性的自由基等方式，防止对眼睛的伤害。维生素E大多存在于食物中的植物油和绿色蔬菜中，其他如胚芽、坚果、豆制品等也含有维生素E。

维生素B_1能保护视神经，维持正常视力，防止视神经退化，预防白内障及其他眼病。

含维生素B_1丰富的食物主要是动物肝、肾、栗子、豌豆、绿色叶菜等。还应多食清肝明目的清凉食物，如鸭肉、鸭蛋、田螺、黑鱼、蚌肉、柑、桑葚等。

维生素C是一种抗氧化物质，也是组成眼球水晶体的成分之一。除了能防止水晶体老化、避免视网膜遭受紫外线损伤；更能促进胶原蛋白形成，增加眼睛内细小血管的韧性，帮助增进眼球健康。如果人体缺乏维生素C，就容易出现水晶体混浊的白内障。膳食中维生素C的摄入是否充足，会影响晶体的透明度，如果维生素C不足，就可降低可溶性蛋白——谷胱甘肽的活性，引起透明度下降，使眼睛失去迷人的光彩，而且容易患白内障等眼疾。水果、蔬菜中含有丰富的维生素C，尤其是柑橘类水果，如橘子、柳丁、柚子、柠檬等。绿色蔬菜中以青椒、黄瓜、小白菜等含量最高。

蛋白质是构成眼球的重要成分。无论是青少年还是老年人眼睛的正常功能，衰老组织的更新，都离不开蛋白质。如果蛋白质长期供应不足，则会使眼组织衰老，功能减退，甚至失明。所以，为保护眼睛的功能，饮食中应注意保证蛋白质的供给。动物性蛋白，如鸡、鸭、鱼、牛、羊、兔、猪、牛奶、鸡蛋等；植物性蛋白如大豆及其制品。

除了这些，还要多注意补充钙、锌等微量元素。钙是眼部组织的“保护器”。倘若体内钙缺乏，不仅会造成眼睛视网膜的弹力减退、晶状体内压力上升、眼球前后径拉长，还可使角膜、睫状肌发生退行性病变，易造成视力减退或近视。食物中如牛骨、猪骨等动物骨所含的钙质丰富，最易被人体吸收和利用。而乳、蛋、鱼、肉、蔬菜、粗粮及紫菜、豆类、核桃肉、南瓜子等食物的磷质含量比较多。近视眼患者普遍缺锌、铬，而黄豆、燕麦粉、杏仁、紫菜、海带、羊肉、牛排、黄鱼、海蜒、牡蛎、奶粉、可可粉、茶叶等含锌量较多；酵母、牛肉、谷类、肉类、肝类与干酪等含铬量较多。

为了使眼睛更明亮、更健康，还应注意不食或尽量少食刺激性大、热性大的食物如辣椒、大蒜、胡椒、咖喱、浓茶、白酒、油煎炸食物。因这些食物刺激性大、热性大，容易损坏视神经，使视力模糊。吃盐过多容易引起白内障，摄取高剂量盐的人除了易患白内障，还易患糖尿病、高血压。不要吸烟，因为烟会破坏体内大量的维生素 A、维生素 B_{12}，损坏视神经，影响视力，有眼疾的人要戒烟，眼疾也会明显好转。

总之，只有保证了眼睛的营养需求，眼睛离会说话的程度也就不远了。

2. 保护眼睛的七个绝招

对于爱美女性来说，眼睛是传情达意的重要器官，尤其需要爱护养护。除了保持正确的用眼习惯之外，还要经常练习以下的几个护眼绝招，就能够使你“巧笑倩兮、美目盼兮”！

一是洗目：经常以热水、热毛巾或蒸气等熏浴双眼，促进眼部的血液循环，防止眼睛患病。

二是养目：平时注意饮食的选择和搭配，多吃对眼睛有利的富含维生素、矿物质和微量元素的食物，如小米、红薯、胡萝卜、菠菜等。

三是动目：适当运转眼球，锻炼眼球的活力，以达到舒经活络，改善视力功能的目的，使眼球更加灵活、敏锐。

四是按目：经常用手按摩双眼，不仅可保持眼部的活力，还能预防视力下降，促进眼部血液循环，提高抗病能力。

五是眺目：应利用短暂的瞬间，直立身体，放松眼球，极目平视远

处，以调节眼部肌肉，缓解疲劳，达到调节视力的目的。

六是护目：不要用不卫生的手巾去擦眼睛，不要和别人共用毛巾，尤其是不能与有眼病的人共用毛巾。平时，在强烈的阳光下，最好戴墨镜、茶色镜等护目。

七是治目：一旦得了眼病，除注意休息外，还要及时治疗，以免病情加重。

3. 让眼睛明亮的“秘密武器”

菠菜　多吃菠菜，可以减低失明的危险。这要归功于类胡萝卜素——绿色多叶蔬菜和黄色蔬菜中的色素。吸收类胡萝卜素越多，患上黄斑点退化的风险越小。效力最大的是绿色蔬菜中的两种类胡萝卜素——黄体素和玉米黄质。

西红柿　每天吃 2～3 个西红柿，可满足一天维生素和矿物质的需要。西红柿味酸甘、性平无毒，有清热解毒、凉血平肝、解暑止渴的作用，适用于高血压、牙根出血、胃热口苦、发热烦渴、中暑等症。

胡萝卜　胡萝卜有两个特点，一是含糖量高于一般蔬菜，二是含有丰富的胡萝卜素，这种胡萝卜素摄入人体可转变成维生素 A，维生素 A 可维护眼睛和皮肤的健康，防止患皮肤粗陋病、夜盲症、眼干燥症等。

枸杞子　枸杞子有滋阴补血、益精明目的疗效，因为它含有丰富的胡萝卜素，还有维生素 A、维生素 B_1、钙等多种营养成分。

桑叶　桑叶是桑科植物，性味苦寒有小毒，具有凉血明目祛风清热的功效。

决明子　决明子具有清肝明目及润肠通便的功效，能改善眼睛的肿痛、红赤多泪等症，防止视力减弱。

白菊花　白菊花含氨基酸等成分，有抗病毒、增强毛细血管抵抗力的作用，对于视力下降和头昏头痛有很好的效果。

金银花　金银花有广谱抗菌的作用，可以清热解毒，治疗感冒、头痛、目赤、耳聋等症状。

4. 美眼明目的美食佳肴

猪肝粥

原料　猪肝、粳米各50g，鸡蛋1个，盐、味精各适量。

做法　将猪肝切片，与粳米煮粥，将熟时打入鸡蛋，加盐、味精调味，煮熟后即可食用。

功效　具有养肝明目功效，适用于肝虚雀目，目昏，常服能使眼睛明亮。

乌鸡肝粥

原料　乌鸡肝1具，豆鼓10g，粳米100g。

做法　将乌鸡肝洗净切片。取豆豉煎汁，弃豆豉滤汁，再加鸡肝片和粳米煮粥。

功效　具有养肝明目的功效，适用于肝虚所致的视物不清或夜盲症。

桑葚粥

原料　桑葚30g（鲜桑葚则需60g），糯米60g，冰糖适量。

做法　将桑葚洗净，与糯米同煮，待煮熟后加入冰糖。

功效　该粥可以补肝养血，明目益智，适合于肝亏肾虚引起的头晕眼花、失眠多梦、耳鸣腰酸及须发早白等症的体虚者。

清蒸桂圆枸杞

原料　枸杞子30g，桂圆肉20g。

做法　将上述两味共放碗中，加水适量，蒸熟即可。

功效　养血、明目、补肝益肾。

桑麻糖

原料　黑芝麻240g，桑叶200g，蜂蜜适量。

做法　桑叶洗净，烘干，研为细末；黑芝麻捣碎，和蜂蜜加水煎至浓稠，入桑叶末混匀，制成糖块。

功效　养肝、清热、明目。

鸡肝荠菜汤

原料　鸡肝、荠菜各125g，鸡蛋1个，姜末、食盐各适量。

做法 鸡肝洗净切小块，荠菜洗净切碎，两者共入锅中加水煮，沸后将鸡蛋打散人锅，煮3分钟，加入调料调味。

功效 养肝明目，可使眼睛有神。

双子益肾明目粥

原料 粳米60g，菟丝子、枸杞子各20g，白糖适量。

做法 将粳米、枸杞子洗净备用，菟丝子洗净后捣碎，并先加水煎煮，煮沸后取汁去渣，将枸杞子、粳米加入再煮，直至米熟软，再加入白糖，稍煮片刻即成。

功效 补肾益精、养肝明目。

榛子粥

原料 榛子仁30g，枸杞15g，粳米50g。

做法 捣碎榛子仁，与枸杞一同加水煎汁，去渣后与粳米一同用文火熬成粥即成。

功效 养肝益肾、明目丰肌。

黑米粥

原料 黑米200g。

做法 将黑米淘净，加水煮粥。

功效 补肾健脑、益肝明目、滋阴养血。

银杞明目汤

原料 银耳15g，枸杞15g，鸡肝100g，茉莉花24朵，水豆粉、料酒、姜汁、食盐各适量。

做法 将鸡肝洗净，切成薄片，放入碗内，加水豆粉、料酒、姜汁、食盐拌匀待用。将锅置火上，放入清汤，加入料酒、姜汁、食盐和味精，随即下银耳、鸡肝、枸杞烧沸，撇去浮沫，待鸡肝刚熟，装入碗内，将茉莉花撒入碗内即成。一日2次，佐餐食用。

功效 补目益肾、明目美颜。适用于阴虚所致的视物模糊、两眼昏花、面色憔悴等。

去掉烦人的眼袋

1. 为什么眼袋会缠上你

漂亮的女性都是明眸善睐的，一双水汪汪的眼睛最能打动人，它可以不大，睫毛可以不长，但一定要水灵。一双水汪汪的眸子脉脉含情地看着你，即使对着你不说话，也能让人感受到其中的千言万语。但是，如果双目下面挂上了两个大大的眼袋，就会使目光浑浊涣散，就如两颗陈年的干瘪桂圆没有了神采，就是给你配上西施的脸庞也不会焕发出神采。

眼睛黑白分明、精光内含、神光充沛、视物清晰，眼睑平滑、润泽、有张力，是一个人眼睛健美的标志。如若睡眠不足、夜生活频繁、吸烟喝酒、或饮食单调，缺乏营养，以及一些慢性疾病，都会影响血液循环，加速皮肤老化，导致眼睑松弛、皮下组织疏松、眼周围组织液体过多，出现下眼睑臃肿，形成眼袋，令美丽大打折扣。

眼袋会随着年龄的增长愈加明显。由于眼睑皮肤很薄，皮下组织薄而疏松，很容易发生水肿现象，如任其进一步老化，皮肤与皮下组织脱离，导致眼眶内较多的脂肪组织膨胀，使下眼睑臃肿，就产生了眼袋和眼皮下垂。此外，肾脏有病、怀孕期间、睡眠不足或疲劳都会造成眼部体液堆积形成眼袋。这种现象很容易使人显得苍老憔悴。眼袋就像一突起的小山悬在眼下，再怎么美丽的眼睛也因为它而失去风采。出现眼袋，不但看起来没有精神，人也好像苍老了几岁，实在令人心烦不已。

眼部皮肤是脸部最娇嫩、最薄弱的地带，因此也是最容易衰老、最需要保养的部位。所以，如何正确保养眼部皮肤，是每位爱美女性应该了解

掌握的秘籍。若想对付眼袋，下面的方法颇有帮助：

适当多吃胡萝卜、西红柿、马铃薯、动物肝脏、豆类等富含维生素A和维生素B_2的食物，均衡体内的营养结构。平时尚需注意常吃些胶体、优质蛋白、动物肝脏及西红柿、马铃薯之类的食物，注意膳食平衡，可对此部位组织细胞的新生提供必要的营养物质，对消除眼袋亦有裨益。

保证充足的睡眠。临睡之前少喝水，并将枕头适当垫高，让容易堆积在眼睑部的水分通过血液循环而分散。

睡前在眼下部皮肤上贴无花果或黄瓜片，同时，也可利用木瓜加薄荷浸在热水中制成茶，晾凉后经常涂敷在眼下皮肤上。木瓜茶不仅可更新疲劳的眼睛，而且还有减轻眼下囊袋之功效。

每天润肤时用手朝上击打颜面部位，特别要注意在眼周围软弱的皮肤上重点轻敲。平素应当避免随意地牵拉下眼睑或将其向外过度伸展。

上、下眼睑常有意识做闭合运动，每日最好坚持做100次以上，使眼睑肌有收缩与放松的感觉，将会延缓眼袋的产生。

2. 铲除眼袋的秘招

苹果生鱼汤

原料　苹果3个（约500g），生鱼1条（约150g），生姜2片，红枣10个，盐少许。

做法　生鱼去鳞、去鳃，洗净鱼身，抹干。将鱼煎至微黄色；苹果、生姜、红枣洗干净后，苹果去皮去蒂，切成块状；生姜去皮切片，红枣去核，瓦煲内加入适量清水，用猛火煲沸。然后加入全部材料，改用中火继续煲2个小时左右。加入盐调味，即可饮用。每日2次，早晚饮用。

功效　预防黑眼圈的出现，防止眼下出现眼袋。此外，苹果生鱼汤还可治疗脾虚、气血不足、浮肿、头晕、失眠。

枸杞红枣茶

原料　枸杞50g、红枣3～4个。

做法　将枸杞和红枣放入玻璃杯中，以开水冲泡服用，或者用水煮沸后服用。如果熬夜后口干舌燥很严重，或者火气很大的话，可另加白菊花

1～2朵一起冲服。冲服时，注入开水后不要立即服用，应该让枸杞和红枣在水中充分浸泡后再喝，效果更好。红枣可先剪开，再进行冲泡则效果更佳。

功效　对于脾血不足有效，能够有效祛除眼袋。

告别“熊猫眼”　做个鲜美人

1. 远离黑眼圈

一句很美的诗词这样描绘美人的双眼：“一顾倾人城，再顾倾人国”。眼睛是最具有杀伤力的器官，柏杨也曾经自嘲过：“面对一双含情脉脉的眼睛，别说是柳下惠先生，就连自己都有可能溃不成军”。可见眼睛的威力不可估量，明眸善睐是很多女性追求的目标。

但是有些女性的眼睛周围总是像大熊猫一样，有一个“漂亮”的黑眼圈，使人显得很没有精气神。黑眼圈是“美丽杀手”，再漂亮的脸庞，如果眼圈周围暗淡无光，也会影响高雅的形象。而且，黑眼圈还是身体的一个警讯，提醒你身体可能已经出现问题。

之所以会形成这个难看的黑眼圈，主要的原因除了体质遗传导致眼睛周围的皮肤天生黑色素较深外，吸烟饮酒、情绪低沉、思虑过度或是熬夜引起睡眠不足等都会引起黑眼圈。此外，过敏性鼻炎等病患或眼部卸妆不彻底的色素沉淀和缺乏体育锻炼，使血液循环不良等日常生活上的其他因素，也会使人不知不觉产生“熊猫眼”。

要将“熊猫眼”扼杀在萌芽状态之中，除了保证充足的睡眠、进行适量的有氧运动之外，均衡合理的饮食也是有效良方。

只要合理地进行膳食调养，黑眼圈就会远离你。

首先要增加营养。在饮食中增加优质蛋白质摄入量，每天保证足够的蛋白质，多吃富含优质蛋白质的瘦肉、牛奶、禽蛋、水产品等。此外，还应增加维生素 A、维生素 E 的摄入量，因为维生素 A 和维生素 E 对眼球和眼肌有滋养作用。含维生素 A 多的食物有动物肝脏、奶油、禽蛋、苜蓿、胡萝卜、杏等。富含维生素 E 的食物有芝麻、花生米、核桃、葵花籽等。

消除黑眼圈，还要注意含铁食品的摄入，因为铁是构成血红蛋白的核心成分。含铁丰富的食物有动物肝、海带、瘦肉等。摄入富含铁质食物的同时应摄入富含维生素 C 的食物，如酸枣、刺梨、橘子、西红柿和绿色蔬菜等，因为维生素 C 有促进铁吸收的作用，而且生吃水果和蔬菜，能够增加血管壁的功能，对于防止“熊猫眼”很有效。

还要注意不要吸烟喝酒。因为吸烟会使皮肤细胞处于缺氧状态，从而使眼圈变黑。喝酒会使血管一起扩张，脸色红晕，但很快又会使血管收缩，尤其是眼圈附近更为明显，从而造成眼圈周围暂时性缺血缺氧。如果长期饮酒，便会形成明显的黑眼圈。除此之外，一定要保证充足的睡眠，这不仅有利于防止黑眼圈的出现，更有利于身心健康。

要想让“黑眼圈”远离你，一定要养成良好的饮食习惯。

若因肝脏功能不好而引致的黑眼圈，需多吃虾、芹菜、茼蒿等绿色蔬菜，水果则宜多吃柑橘类。

每天喝一杯红枣水，有助加速血气运行，减少淤血积聚，亦可减低因贫血而患黑眼圈的机会。

早上喝一杯胡萝卜汁或西红柿汁，其中所含的胡萝卜素具有消除眼睛疲劳的功效。

多喝清水，有效地将体内废物排出，减低积聚机会，亦可减少黑眼圈，最好每天饮 8 杯水。

缺乏锌质、铁质及维生素 C，会引致黑眼圈的出现，所以平日应多摄取这方面的营养，如米饭、猪肝、菠菜、西红柿等食物。

2. 对付“熊猫眼”的“秘密武器”

“熊猫眼”的确很难看，不过也不难对付，只要你用下面这些对付它的“秘密武器”，就不用发愁将其拒之“脸”外。

花生 花生中富含有益眼部的维生素 E，所以将花生煮熟后吃，对消除黑眼圈有一定功效。

红枣　引起黑眼圈的原因主要是血液中含氧不足，血液不呈鲜红色，有些发紫，聚集在眼睛底部的细腻皮肤中，使皮肤上显出深深的阴影。皮肤组织中水分含量下降，这种现象就更加明显。而红枣能够活血去淤、淡化色素。所以，多食用红枣对于减轻黑眼圈也很有帮助。

动物肝脏　中医认为，目为肝所主，肝开窍于目，肝藏血，目得血而能视。因此，多吃动物肝脏可以调养肝脏，对于减轻黑眼圈很有帮助。动物肝脏富含维生素等，是明目佳品，可减轻眼部疲劳，对于减轻黑眼圈很有帮助。

鸡蛋　由于鸡蛋中富含优质蛋白质，而蛋白质又能促进细胞再生。因此经常食用鸡蛋，增加蛋白质的摄入量，对于缓解黑眼圈的形成是有一定功效的。此外，瘦肉、禽蛋、水产品等也富含优质蛋白质，经常食用此类食物也有助于减少黑眼圈的形成。

芝麻　芝麻富含对眼球和眼肌具有滋养作用的维生素 E，从而能缓解黑眼圈的形成。除了芝麻，富含维生素 E 的其他食物还有核桃、葵花籽等。

胡萝卜　胡萝卜含有丰富的维生素 A，能维持上皮组织正常机能，改善黑眼圈。此外，胡萝卜中所含的维生素 A 还有助于增进视力，尤其是黑暗中的视力。其他蕴含维生素 A 的食物还有动物肝脏、奶油、禽蛋、苜蓿、杏等。

海带　海带中铁质含量丰富。铁质是构成血红蛋白的核心成分。因此，补充适量的铁质能够促使血红蛋白的增加，从而增强其输送氧分和营养成分的能力。所以，经常食用海带，也能缓解黑眼圈的困扰。

桑葚　桑葚含有多种维生素和10多种氨基酸及钙、磷、铁、铜、锌等微量元素，具有补肝益肾、滋阴养血、黑发明目、祛病延年的功效。桑葚还能提高人体内酶的活性，有延缓细胞衰老的作用。

绿茶　绿茶所含有的浓缩多酚，能抑制自由基对皮肤支持纤维造成破坏，是公认最有效的抗自由基因子。经常使用电脑者可饮用绿茶，补充特异性植物营养素，消除因电脑辐射引起的黑眼圈。

此外，外敷绿茶包也能起到减缓黑眼圈的作用。只需将饮用后的绿茶包放在冰箱里冰镇一会儿，拿出来敷在眼睛上20分钟，黑眼圈现象即可得到一定的缓解。

3. 消除“黑眼圈”的饮食

枸杞猪肝汤

原料 枸杞子50g，猪肝400g，生姜2片，盐少许。

做法 清水洗净枸杞子，猪肝、生姜分别洗净。猪肝切片，生姜去皮切2片。先将枸杞子、生姜加适量清水，猛火煲30分钟左右。改用中火煲45分钟左右，再放入猪肝。待猪肝熟透，加盐调味即可。早晚各1次。

功效 补虚益精、清热祛风、益血明目，预防肝肾亏虚所引起的黑眼圈。

西洋参猪血豆芽汤

原料 西洋参15g，新鲜猪血250g，豆芽（去根和豆瓣）250g，瘦猪肉200g，生姜2片，盐少许。

做法 将所有原料用清水洗干净。西洋参和瘦猪肉切成片状，生姜去皮切片。瓦煲内放入适量清水，用猛火煲至水沸。然后放入全部材料，改用慢火继续煲1小时左右，加入盐调味，即可食用，一日1次。

功效 养神、补血，清除黑眼圈。

当归鸡汤粥

原料 当归10g，川芎3g，黄芪5g，红花2g，鸡汤1000g，粳米100g。

做法 先将前三味用米酒洗后，切成薄片装人布袋，加入鸡汤和清水，煎出药汁。去布袋后加入粳米，用旺火烧沸，再转用文火熬煮成粥。日服1剂，分数次食用。

功效 消除血虚所致的黑眼圈。

黑木耳红枣羹

原料 黑木耳50g，红枣10个，红糖100g。

做法 将黑木耳、红枣煮沸后，加红糖食用，一日2次。

功效 经常服用，有消除黑眼圈的作用。

第 4 章　吃出皓齿红唇

吃出健康牙齿

1. 胃口好，牙齿就好

牙齿不仅能咀嚼食物、帮助发音，而且对面容的美有很大影响。当人们讲话和微笑时，整齐而洁白的牙齿更能显现人的健康和美丽。相反，如果牙齿排列紊乱、参差不齐，面容就会显得不协调。所以，人们常把牙齿作为衡量健美的重要标志之一。古人形容美女常用“唇红齿白”描述，由此可见，拥有一口洁白、整齐、坚固的牙齿的确能使人平添几分姿色。

俗话说，“牙好，胃口就好”。其实，牙齿的健康亦和饮食息息相关——“胃口好，牙齿就好”。牙齿的好坏与饮食营养有着重要关系。表面看来，牙齿好像是块“硬骨头”，实际上，它和人体的其他各部位一样，也在不断地进行更新和修补。因此，要想拥有满口美齿，除了要注意口腔卫生外，还要从饮食营养上下功夫。

众所周知，构成牙齿的主要原料是钙和磷。如果膳食中钙含量不足，或者机体对摄入体内的钙不能充分地吸收和利用，就会影响到牙齿坚固。牙齿缺钙而变得疏松，就更易被腐蚀。我们平时讲的龋牙，其实并非牙齿长“蛀虫”，而是齿间的食物残渣的腐蚀，引起牙面脱钙，再加上蛋白酶的溶解作用，形成龋洞。由于维生素 D 可以促进钙、磷的吸收，维生素 A 可增加牙床黏膜的抗菌能力，维生素 C 也可影响牙的钙化。因此，如果膳食中维生素 A 和维生素 D 供给不足，是形成龋牙的一个重要的间接因素。维生素 C 缺乏还易造成牙齿松动。氟在牙齿中虽然含量极少，但也是牙齿不可缺少的重要成分，它参与氟磷灰石结晶的形成，具有耐酸作用，并能

抑制龋齿细菌的酶活性而保护牙齿，对防治龋牙有重要作用。氟的主要来源为饮水，如果饮水中长期缺氟，就可能影响牙齿的形成，并使其对龋蚀的抵抗力减弱而易发生龋牙。然而饮水中的氟含量长期过高，也可引起牙齿发生斑釉症。

鉴于上述原因，要保持牙齿的坚固、整齐、洁白、美观，防止龋牙的发生，除应养成不吃零食，不过多食用酸、甜食物和保持口腔卫生等习惯外，还要有均衡的营养。在饮食中应吃些富含钙、磷质和维生素A、维生素D、维生素C的食物，人体对钙磷的摄入充足，加之讲究口腔卫生，牙齿保护得好，牙齿就坚固而洁白。

可以经常食用些胡萝卜、芹菜或者苹果等，这些食品在咀嚼的时候，在牙齿表面不断摩擦，实际起到了清洁牙齿的作用，对牙齿保健很有好处。

另外，还要少吃或者不吃伤害牙齿的食物。例如糖类食品、酸性汽水，里面的糖分能够破坏牙齿表面的珐琅质，可能提高龋齿的发生几率。咖啡、茶以及尼古丁则会使牙齿发黄，同样也要少碰。

只要注意合理饮食，讲究口腔卫生，既保护了你的牙齿，又能使你身体健康。一举两得，何乐而不为呢？

2. 坚固牙齿的食物

食物和牙齿的健康有着密切的关系。这里给大家推荐几种健齿的食物，经常食用这些食物对于牙齿的健康有着不可忽视的作用。

洋葱　洋葱的香辣味道除了可以增加人的食欲外，还有一定的保健作用。如洋葱含有植物杀菌素。据试验证明，洋葱分离得到的结晶物质对金黄色葡萄球菌、链球菌、沙门氏菌均有杀伤和抑制作用。同时，洋葱里的硫化合物也是强有力的杀菌成分，能杀灭造成龋齿的变形杆菌。因此，常吃洋葱可以保护牙齿。

绿茶　绿茶中含有大量的氟（其他茶类也有），氟可以和牙齿中的磷灰石结合，具有抗酸防蛀牙的效果。有研究显示，绿茶中的儿茶酚能够杀灭变形链球菌，从而减少蛀牙，同时还可除去难闻的口臭。而且茶叶中含氟量最多，茶叶还具有抑制多种细菌的作用，每天适量饮茶，对清洁口腔、洁齿防龋也有好处。

牛奶 牛奶中含有丰富的钙、磷、维生素A、维生素B、蛋白质、脂肪、糖类等营养成分，特别是含钙、磷较多，每100g牛奶中含钙120mg、磷98mg，是生骨固齿的食物。常饮用牛奶能使牙齿保持坚固，有利健美。

海带 海带中富含钙、铁、磷、碘及蛋白质、碳水化合物、胡萝卜素、维生素B等，还含有较多的氟，能够营养牙齿。

番石榴 番石榴的维生素C含量高居水果之冠。维生素C是维护牙龈健康的重要营养素，严重缺乏的人牙龈会变得脆弱，容易罹患疾病，出现牙龈肿胀、流血、牙齿松动或脱落等症状。

牛蹄筋 牛蹄筋是黄牛或水牛的体筋，含有丰富的水分、蛋白质、脂肪、维生素以及钙质、磷、铁等，具有护齿固齿、健壮筋骨、温补脾肾等功效。

羊骨 羊骨有补肾、强壮筋骨的功效。牙齿的生长发育以及病变与肾气的盛衰有密切关系。所以，常食用羊骨，亦可以健齿护齿。

3. 饮食让牙齿更“坚强”

有一口洁白的牙齿是每个人的梦想，而要实现这一梦想也并非难事。下面这些饮食小妙方是经过实践证明过的，都是不错的方法，而且制作方便，在日常生活当中不妨一试。

黄豆排骨

原料 黄豆500g，猪排骨800g，料酒、精盐、味精、葱段、姜片、蒜片、酱油各适量。

做法 将黄豆放入清水中浸泡5小时。猪排骨洗净切块，放入砂锅内，加入葱段、蒜片、姜片、料酒、酱油、适量水，煮沸后撇去浮沫，再把黄豆加进去，用文火炖至黄豆酥软，放精盐、味精调味即可。

功效 营养丰富，有利于牙齿健美。

海带烧豆腐

原料 海带150g，豆腐300g，虾子少许，精盐、葱花、姜末、油、清

汤各适量。

做法 海带用温水泡发后切段。豆腐切小丁，放沸水锅中煮一下，捞出沥水。将锅放在火上，放油烧热，下葱花、姜末煸香，随即放入清汤烧沸，放入海带烧一会儿，再放入豆腐丁、虾子，盖上盖，炖30分钟，海带熟烂后放精盐调味即可。

功效 富含钙、磷、氟，常食能使牙齿更坚固、更漂亮。

牛筋粥

原料 牛蹄筋50g，粳米100g，调味品适量。

做法 将牛蹄筋洗净，入砂锅，加水适量，炖烂后入粳米，再加适量水，煮沸后改用小火熬成稀粥，加入调味品即可食用。

功效 益肝肾、温脾胃，益气强筋、固齿护齿。

枸杞核桃粥

原料 核桃仁50g，枸杞子25g，粳米、白糖各适量。

做法 将核桃仁、枸杞子以及粳米放入砂锅中，加适量清水，用小火煨粥，粥成之后加入白糖即可食用。

功效 滋阴润燥，丰肌润肤，乌发固齿。

美齿六味饮

原料 菠菜、花生、胡萝卜、紫菜、藕、葡萄各适量。

做法 将菠菜用开水焯一下，与葡萄、藕一起绞汁，胡萝卜单独绞汁，花生炒熟后磨成粉制成花生糊，将紫菜水发取汁，将以上汁糊混匀后即可食用。

功效 保护和促进牙齿洁白坚固。

猪蹄红枣汤

原料 猪蹄1只，红枣15枚。

功效 将猪蹄、红枣一同放入砂锅中煮，用小火煮至烂透。

功效 固齿护齿、强身健体。

美白牙齿　迷人笑容

1. 牙齿不仅仅要坚固

雪白的牙齿、灿烂的笑容，是给别人的最好的第一印象。是否拥有一口洁白闪亮的牙齿，决定着你是否会给你留下美好的印象，也已经成为衡量现代美女的标准之一。

洁白整齐的牙齿，不仅可以为你的容貌加分，还能让你更自信，当红唇轻启的瞬间，满口整齐洁白的牙齿让你的微笑更生动更富有魅力。如果一张嘴就是满口的黑牙、黄牙，岂不大煞风景！不仅不敢笑，恐怕就连说话也得遮遮掩掩，"犹抱琵琶半遮面"啦！

著名的影视明星莫文蔚素以百变形象而著称，而她独有的莫式笑容也成了自己的招牌动作。她说："很多人会用各种美丽武器让自己漂亮，但往往忽视了牙齿的美白。我很爱笑，灿烂的笑容是一种非常有效的交流方式，很容易打破人与人之间的隔膜，让别人觉得亲切"。笑容是自信的表现。但是，如果牙齿很黄或者不整齐，笑起来可能就不是特别美了。

世界卫生组织颁布的口腔健康标准是：牙齿清洁、无龋齿、无疼痛感、牙龈颜色正常。权威部门曾经对 20 岁以上的上班族进行过一项牙齿美白调查。结果发现，81%的人希望拥有一口洁白的牙齿，39%的人认为自己的牙齿不够白，而愿意采取措施对牙齿进行美白。越来越多的人开始意识到口腔护理和牙齿美白逐渐成为一种时尚健康的生活方式，就像护肤和健身一样，是对自身整体形象和魅力指数的提升。

为什么牙齿会变黄呢？其实，我们看到的牙齿的颜色不仅是牙齿表面

的颜色，还包括透过牙齿表面的牙釉质显现出来的牙的本质颜色。幼儿时乳牙是乳白色，随着年龄的增长，牙齿会慢慢变黄。牙齿变黄、着色的原因有很多种，主要分为外源性和内源性两种。

外源性着色是由于牙齿表面存在着多种细菌，它们分泌许多黏性物质。日常饮食中的茶垢、烟渍以及饮用水中的某些矿物质吸附在这些黏性物质上，逐渐使牙齿变黄或变黑。内源性着色是在牙齿发育过程中形成的，如四环素沉积在牙本质内，就会使得牙齿变成黄色、棕色或暗灰色，称为四环素牙。如果饮用水中含氟过多，也可能导致氟斑牙，牙面呈白粉笔色、棕褐色斑块，如果牙神经坏死与细菌分解产物结合也可使牙齿变黑。

对于外源性着色的牙齿来说，咖啡、茶、抽烟、红酒是罪魁祸首。据统计，中国有15%～25%的烟民，其中不乏女性烟民，也就是说中国有2～3亿人的牙齿是发黄发黑的。而咖啡、红酒和茶对牙齿的影响也是不可忽略的。牙齿美白从本质上讲就是一种清除牙齿珐琅质和牙釉质上的污点和色素。

要想牙齿洁白如玉，首要的一点就是要天天刷牙。刷牙可以去除牙齿表面的污垢和细菌，对于牙齿的美白很有帮助。每天坚持至少早晚两次刷牙，牙缝处可使用牙线，不要给牙齿间隙的污垢留下可乘之机，如果能配合使用洁白亮丽的牙膏，效果会更好。

除此之外，还可以通过饮食来吃出满口洁白的牙齿。食物可以让你拥有一口洁白健康的牙齿。牙齿的主要成分是钙和磷，钙和磷均需从食物中获得。人体对钙磷的摄入充足，加之讲究口腔卫生，牙齿保护得好，牙齿就坚固而洁白。为了牙齿的健美，平时应注意吃些钙磷丰富的食物。含钙多的食物有虾皮、蟹、蛤蜊、蛋类、奶类、炖骨头汤、酥鱼以及绿叶蔬菜和豆类。磷在食物中分布很广，肉、鱼、蛋、奶、豆类、谷类以及洋葱等蔬菜中含磷均较丰富。此外，还应注意摄入维生素D，因为它有促进钙磷吸收和调节骨钙的作用。含维生素D丰富的食物有动物肝脏、鱼肝油等。

要想牙齿坚固，还要注意常吃些含氟的食物，如海鱼等海产品。饮水中含氟较低的地区更应该注意补充氟，用含氟的牙膏刷牙也是一种补充办法。氟之所以有固齿作用，是因氟能与牙齿中的钙结合，形成不易溶解的氟化钙，从而能有效地预防龋齿。

另外，一些天然食物里的成分，可以对抗造成蛀牙的口腔细菌、强化牙齿珐琅质，还能消除恼人的坏口气，让你更自信地展露笑颜。

2. 美白牙齿的食物

愈来愈多的研究发现，食物也可能大大影响你的灿烂笑容。想要有一口的洁白牙齿，不妨试一试下面这几种食物。

芹菜 芹菜可以说是天然的牙刷。芹菜中含有大量的粗纤维，不但可以刺激肠胃蠕动、促进排便，还能保护牙齿。因为在咀嚼时，粗纤维通过对牙面的机械性摩擦清洗，可以擦去黏附在牙齿表面的细菌，刺激唾液腺分泌，平衡口腔内的酸碱值，既能达到自然抗菌的效果，又能减少形成牙菌斑。经常食用芹菜对于牙齿很有好处，可以减少牙菌斑产生，有利于牙齿美白。

乳酪 乳酪能够美白牙齿是因为它含有丰富的钙。钙是组成牙齿珐琅质的最主要成分，钙摄取不足会动摇骨本，就会耗损牙齿健康。而且，乳酪里含的钙及磷酸盐可以平衡口中的酸碱值，避免口腔处于有利细菌活动的酸性环境，造成蛀牙。此外，经常食用乳酪能够增加齿面的钙质，有助于强化及重建珐琅质，使牙齿更为坚固。

香菇 香菇在近几年不但成了提升免疫力的热门食物，近年来的一些研究还发现，它对保护牙齿也有帮助，原因是香菇里所含的香菇多糖体可以抑制口中的细菌制造牙菌斑。

芥末 芥末会产生辛辣、呛鼻的味道，是因为它内含一种特殊成分，这种物质也存在于其他十字花科蔬菜里。日本在试管中的实验发现，芥末里的某种物质可以抑制造成蛀牙的变形链球菌的繁殖。

薄荷 薄荷的淡淡清香有助于提神醒脑，同时也能减少“坏口气”。薄荷叶里含有一种单萜烯类的化合物，可以经由血液循环到达肺部，让你在呼吸时感觉气味清新。经常使用薄荷可以减少口腔内的细菌孳生。

水 喝水是最简单，但却是很重要的保护牙齿方法。适量喝水能让牙龈保持湿润，刺激分泌唾液。在吃完东西之后喝一些水，顺水带走残留口

中的食物残渣，不让细菌得到养分、借机作怪而损害牙齿。

3. 让牙齿更美的食谱

白煨猪蹄汤

原料　猪蹄 1 只，葱、姜、料酒各适量。

做法　猪蹄去毛，洗净，入沙锅，加水白煨，沸后撇沫，加葱、姜、料酒适量，待煨至猪蹄烂熟，加少许精盐即可。

功效　润肌、补肾、益脾胃、固牙齿。

山药炖羊肉

原料　山药 50g，羊肉 500g，姜、葱、胡椒、料酒各适量。

做法　将羊肉入沸锅内汆去血水，姜、葱、山药用清水洗净后切片，将姜、葱、胡椒、料酒放锅中。大火煮沸，改用小火炖至熟烂，捞出羊肉晾凉切片，装碗中。再将原汤中的姜、葱除去，加入味精调味，连山药一起倒人羊肉碗中供食。

功效　补益脾胃、益肺滋肾、温中散寒、坚固牙齿。

红枣枸杞炖猪皮

原料　猪皮 100g，枸杞子 25g，红枣（去核）15 个。

做法　将猪皮洗净，切小片，红枣、枸杞子洗净，同放入锅内，加水适量，用大火煮沸，改用小火炖至猪皮熟烂即供用。

功效　滋补肝肾、益精明目、补益脾胃、滋阴固齿。

呵护你的娇美双唇

1. 红唇魅力来自饮食

亲和的微笑和温柔清晰的言词表达，都要用你的双唇来展现给世人。日本一家化妆品公司的调查证明：男人的最爱是女性的红唇。

盈盈红唇是魅力的象征。一张苍白无神的面容，一经唇部的勾画，立刻便生动、传神起来，无限的风情就在那一颦一笑间流转，真是美轮美奂。因此，双唇的风情起着画龙点睛的作用。所以，身为女性，谁不希望自己的双唇拥有娇嫩丰盈的质感？

如何永葆红唇这种光鲜迷人的魅力呢？唇部的皮肤非常娇嫩，没有与皮肤相同的角质层、皮脂腺，薄如蝉翼，本身没有汗孔，它的表层覆盖着一层薄膜，有许多纹路，又缺少天然油脂分泌腺的保护，容易失去水分，令双唇经常干燥、脱皮，而且我们总是在不停地说话、微笑、进食，每一个细微的牵拉动作对双唇都是一种伤害。因此，比较而言，唇部更易干燥开裂，甚至出血感染，既不美观，更不健康。长期日晒会造成唇部肌肤粗糙、失去光泽、产生皱纹、逐渐干裂、产生细纹，出现死皮，并且产生色素沉淀等等。柔嫩的双唇更需要你加倍的呵护。

尤其是在冬季，随着气温的下降，皮肤会因失去较多的水分而变紧发干，嘴唇干燥是很普遍的现象，主要的原因是缺少维生素导致唇部干燥，使嘴唇或嘴角处堆积废皮；特别是在有大风或是寒冷时，皮肤表层水分供应不及，水分被干燥空气吸去，嘴唇最容易干裂。

要让双唇重现润泽，除了在生活中注意呵护，营养的滋润也是不可忽视的硬道理。

多饮水成为不可缺少的一项内容。女性要注意日常多饮水，特别是对那些不爱喝水或处在特别环境中容易感到口干舌燥的人来说尤其如此。据日本专家介绍，凉开水能使皮肤保持足够的水分，使皮肤柔软、细腻、富有弹性。饮用适当的凉开水，再配合其他的相应措施，相信会给你一个意外的惊喜。

消除冬季口唇干裂还要多吃新鲜蔬菜、水果，补充人体维生素 B_2、维生素 A。所以，冬季更应多吃新鲜蔬菜、水果，尤其是在新鲜的果蔬中尤以梨、荸荠等有生津滋阴作用的食物为佳。要多食用动物肝脏、肾、牛奶、牛肉、鸡、鸭、鸽等。

在饮食上要多选用清凉祛火的食物，如薏苡仁、芝麻、绿豆、冬瓜、豆腐、芦笋、藕、荸荠等，少使用一些燥热的食物，如辣椒、生姜、大葱、荔枝、龙眼、狗肉、大枣、洋葱、韭菜、芫荽、胡椒等，这些食物热性太大，容易上火，可导致嘴唇发干、唇部起皮等。

除了在饮食营养上的呵护外，也可以在嘴唇上涂点润唇膏等，滋润嘴唇，防止嘴唇水分流失。

2. 护唇灵药 DIY

护唇基本都是以软化角质、锁水保湿和滋润双唇为主要目的。明白了其中的道理，你就可以制作一些护唇的药膏，在不花一分钱的基础上，能够保护自己的娇嫩红唇也是一件快意人心的事！

蜂蜜＋维生素 E 胶囊　将维生素 E 溶液挤进蜂蜜里，搅拌成淡黄色糨糊状。睡觉之前，用棉棒取一点，轻轻抹在嘴唇上。别小看这么简单就制成的的东西，它起到的效果可以与在美容院做护唇的效果相媲美。不过要注意的是，不要把涂在嘴唇上的蜂蜜舔干。

酸奶＋新鲜柠檬汁　将一勺酸奶混合 2～3 滴柠檬汁后，搅拌均匀，放人冰箱冰 15 分钟。用棉棒均匀涂抹在嘴唇上，再用一块人过嘴唇的保鲜膜盖住，15 分钟之后揭下，然后用温水清洗嘴唇，涂上润唇膏，就可以使干燥起皮的嘴唇恢复鲜嫩光泽。

婴儿油＋橄榄油 将2～3滴婴儿油和橄榄油搅拌均匀，洗澡前用棉棒沾上混合油，以螺旋状的方式涂抹在嘴唇上；洗澡后再重复涂抹一层便可。嘴唇会在几天内保持水般滋润。

3. 吃果蔬 护香唇

深秋季节，冷空气活跃，而这些冷空气多半是干冷的，水汽含量极少，常常会诱发嘴唇干裂、嘴角裂嘴。导致口唇干裂的原因是许多女性新鲜蔬菜吃得少，人体维生素 B_2、维生素A摄入量不足。所以，要保护自己的嘴唇，更应多吃新鲜蔬菜、水果，尤其是多摄取食性平和或偏冷的食物。

蔬菜类 如菠菜、盖菜、苋菜、荠菜、黄花菜（鲜黄花菜应经蒸或煮处理后再食用，防止秋水仙碱中毒）、茭白、萝卜、茄子、竹笋、西红柿、冬瓜、黄瓜、丝瓜、苦瓜、蘑菇、银耳、绿豆、大豆及其制品。

水产品 如紫菜、海带、海蜇、蛤蜊、龟肉、田螺、蟹、泥鳅、鲤鱼、鳗鱼、黑鱼、牡蛎等。

禽肉蛋类 如乌骨鸡、猪肉、鸭肉、鸭蛋、鹅蛋、鹅肉、猪肺、兔肉、马肉及奶类。

粮食及硬果类 如芝麻、松子、黑豆、小米、小麦、大麦等。

水果类及其他 如桑葚、甘蔗、香蕉、西瓜、甜瓜、枇杷、芒果、梨、罗汉果、柿子、菠萝、椰子、荸荠、莲藕、生菱、莲子、百合、薏苡仁、枸杞子、茶叶、菊花、蜂蜜、冰糖、食盐等。

此外，嘴唇干裂者应戒烟，少饮咖啡。

4. 美唇食疗方

蜜蒸白梨

原料 白梨1个，蜂蜜50g。

做法 取白梨1个去核，放入蜂蜜50g，蒸熟食。顿服，一日2次。

连服数日。

功效　适用于嘴唇干裂，咽干渴，手足心热，干咳，久咳，痰少。

大枣炖兔肉

原料　兔肉150g，大枣15个，姜、盐各适量。

做法　将兔肉洗净切成小块，然后用姜、油爆10分钟，加入大枣和水适量，入盐调味即可。

功效　健脾益气，补血健体，可以使唇色红润。

莲子煲猪肚

原料　猪肚1个，去心莲子50粒，油、盐、葱各适量。

做法　将猪肚洗净，莲子塞入猪肚，加水适量煲。熟后加入油、盐、葱等调味品。

功效　健脾益胃、补虚益气，可令唇色红润。

芹菜豆腐肉片汤

原料　猪肉250g，豆腐3块，芹菜750g。

做法　将猪肉用调味料腌片刻。把豆腐切成小块放入煲中，加水适量，用小火煲5分钟后加入芹菜，等沸后放入肉片，再煲沸，加入调味品即可。

功效　治脾虚热、健脾消食，能够美肤养颜，令唇色红润。

花生牛肉汤

原料　牛里脊250g，花生仁100g，牛奶1小杯，红枣5个。

做法　将牛里脊煮5分钟后，与花生仁、红枣一起放入清水中煮，3个小时后，加入牛奶，再煮5分钟，加入调味品即可食用。

功效　补血养血、润肤养颜，令唇色红润。

樱桃银耳汤

原料　水发银耳50g，樱桃25g，桂花糖、冰糖、粳米各适量。

做法　将粳米煮成粥，人冰糖溶化后，加入银耳煮片刻，入樱桃以及桂花糖，煮沸后即可。

功效　补气养血、润肤美容。可使人肌肉细腻光洁、唇色润美。

牛肉蛋花羹

原料　鸡蛋2个，牛肉150g，粟米适量。

做法 将牛肉洗净剁成肉末，将适量水煮沸后，放入粟米同煮，然后放入牛肉末，等到略沸后放入鸡蛋，搅拌成蛋花状，加入调味品即可。

功效 滋润养颜、补气养血、呵护双唇。

吃出美妙的嗓音

1. 嗓音不仅仅是天生的

人们常形容一个歌唱家的嗓音“如黄莺一般”，如“天籁之音”，常说美妙的声音为“绕梁三日不绝”，这都是对于美妙的嗓音的赞誉之词。

的确，嗓音之美，也是人们追求美的一个重要方面。常言道，闻其声如见其人，一个或甜美圆润或浑厚而富有磁性的声音，会给人留下美好的回味和遐想。声音的美，不仅仅是先天声带发育的条件，也有后天饮食保养的原因。事实上，饮食与嗓音有密切的关系。据一项调查发现，对嗓音影响较大的食物有：酒、葱、蒜、烟、炒花生、炒葵花籽、臭豆腐、肥肉和过咸的食品。而辣椒、酱豆腐、大油、甜食、椿芽、韭菜、蒜苗、鱼、羊肉、虾、醋、芥末对嗓子的影响也不可忽视。

饭食影响嗓音的主要表现有：嗓子干、口渴、痰多，歌唱时嗓子发木、发紧、发堵、发闷，出现劈音、转音，甚至嘶哑、失音。食过冷过热食物，如歌唱前吃涮羊肉，容易使咽喉黏膜充血，影响发声共鸣；歌唱后吃冷饮或冰镇西瓜、冰糕等，会使发热的嗓子骤冷，喉部肌肉产生不正常的收缩，使血管痉挛，造成血液循环障碍，尤其是静脉血回流障碍，从而损伤喉黏膜，影响喉肌和声带的正常功能。所以，唱歌前后 1～2 小时应忌冷饮。

饮食和嗓子的关系如此紧密，所以想要获得美好的声音，应从以下几个方面对嗓子进行饮食保养。

供给充足的营养 有了充足的营养，声带才能够发出美妙的声音。尤其是碳水化合物，它是维持神经细胞的正常功能和保持正常生理活动的主要能源。另外，糖源的充足，有助于应激和预防疲劳。

获取充分的维生素 要想有美妙的声音，要注意从饮食中补充维生素A、维生素C和B族维生素。如缺乏维生素A，鼻咽喉部易发干、发炎；B族维生素能维持耳鼻喉的正常功能。维生素C如缺乏，易导致鼻黏膜出血和声带无力。

多食有利于保护嗓子的食物 对嗓子有益的食物有苹果、梨、橘子、罗汉果、香蕉、荸荠、青萝卜、西红柿、黄瓜、小白菜、大白菜、油菜、芹菜、菠菜、紫菜、蜂蜜、豆腐、豆浆、鸡蛋、黑豆等，并可常食黄瓜麻酱拌粉皮、白菜心拌豆腐、菠菜拌粉丝、冰糖银耳羹、鸡蛋紫菜汤、大米绿豆粥、小米青菜粥等。这些清淡食品有益于润喉、清嗓和开音，并含有多种维生素和无机盐，对维持健康有益。

远离刺激性食物 尽量不吃酸、辣、苦的食物，如大蒜、辣椒、生姜、韭菜等，因这些食物会刺激气管、喉头与声带；不要过度饮酒及食用过于辛辣的东西，因为酒精和大蒜、辣椒、花椒等食物，对口腔、喉咙和食道黏膜刺激最大，易使这些部位充血、肿胀，并使嗓音失调。冬天不喝太烫的开水，夏天不吃太凉的冷饮，剧烈运动后不马上喝冷水。

2. 滋润声音的天然“佳果”

梨 梨味甘微酸、性寒、无毒，具有润肺凉心、清心润喉、消炎降火、消痰解酒毒等作用，是一种能令人生机勃勃、精力十足的水果。临床常用的雪梨膏，对肺热咳嗽、咽燥口干、声嘶失音等有良好的疗效。

胖大海 胖大海是传统的润喉美音佳品，性凉味甘，具有清热润肺、解毒消炎、利咽美音、润肠通便的功效，适宜风热或肺热失音者饮用。常饮胖大海，能有效防治咽喉炎及声音沙哑，并有美音护嗓、清咽利喉的作用。

罗汉果 罗汉果含有丰富的葡萄糖，具有清肺止咳、凉血止血、生津润肠之功。用于肺火燥咳所致的急性气管炎、急性扁桃体炎、咽痛失音，

急性胃炎、肠燥便秘。中医认为罗汉果味甘酸，性凉，有清热凉血、润肺、滑肠排毒的作用并可驻颜，是减肥果品。将罗汉果 20g，用沸水泡闷 15 分钟后代茶饮，有清肺止咳、润肠通便之功效，可保嗓子，还可治疗风热袭肺引起的声音嘶哑、咳嗽不爽、咽痛等症。

萝卜　萝卜性平味甘淡，具有化痰利咽、清肺热之功，对于因痰热失音者非常有利。中医自古就有“萝卜治咳嗽失音”的记载，将萝卜捣汁饮用，可以治失音不语。

石斛　中医认为，石斛味甘淡、微咸、性寒，归肺、胃、肾经，具有益胃生津、养阴清热的功效。石斛能促进人体津液的滋生。因此，可用于津液不足而导致的虚热证，如发热病人在恢复期出现的口渴咽干、烦躁等症。用石斛单味煎煮，代茶饮用，则有很好的保护声带的作用。所以，歌唱家、演员和教师可用其作保健茶，长期饮用。据说梅兰芳护嗓的秘诀就是常年用石斛煎水代茶饮。大家所熟悉的马连良、谭富英、宋世雄等人也经常喝石斛水，用来清咽护嗓。

薄荷　薄荷辛能发散，功擅祛风清热，用于治疗风热感冒及温病初起而有发热、微恶寒、无汗、头身疼痛等症；凉可清热、清利，所以薄荷又能清利咽喉，治疗咳嗽失音、咽喉肿痛、头痛目赤、口齿诸症。可煎水代茶饮。

3. 保护嗓子的饮食

冰糖白豆腐

原料　白豆腐 1 块，冰糖适量。

做法　将豆腐洗净后切半挖孔，放入冰糖，再将豆腐放入锅中，盖上盖子炖熟服用。

功效　保养嗓子，保护喉部。

诃子罗汉茶

原料　诃子 10g（捶碎去籽），罗汉果半个，菊花 10g，大海子（胖大海）10g。

做法　将上述药材洗净后泡茶喝。

功效　滋润嗓子。

冰糖萝卜梨

原料　冰糖10g，萝卜250g，百合50g，梨（鸭梨、秋梨、雪梨均可）2个。

做法　将梨、萝卜洗净切块，百合掰成瓣与冰糖共放锅中加水煮烂，吃百合、梨、萝卜，饮汤。一日2次。

功效　本品有清肺润喉、消痰降火、清咽美音的食疗效用。经常饮用对于防治声音沙哑及保护嗓子有特效。

川贝炖梨

原料　梨1个，川贝15g。

做法　将梨去核后塞入川贝，然后放入锅中隔水蒸熟。食用时去掉川贝，吃梨饮汁。

功效　滋润嗓子、护养咽喉。

盐烤柑

原料　柑1个，盐、麦芽糖各适量。

做法　将柑切去少许，中间撒上少许盐，用炭烤，使盐溶入柑中，然后加入麦芽糖即可食用。

功效　对于咽喉疼痛有效果。

蛋花汤

原料　鸡蛋1个，白砂糖适量。

做法　将鸡蛋打破放在碗中，加入砂糖，调匀以后用沸水冲沏，每晚睡前服用。

功效　具有滋阴润燥的作用，适用于声音嘶哑。

金针汤

原料　金针菜50g，蜂蜜适量。

做法　先将金针菇蒸或煮熟，然后调人蜂蜜，含在口中，浸润咽喉片刻，然后慢慢咽下。

功效　具有清积热、通经络的作用。对于因为疲劳带来的失音很有效果。

参麦鸭块汤

原料　玄参10g，麦冬20g，鸭块250g，调味品适量。

做法　将上述食品一起煨汤，炖至鸭块酥烂为度，加调味，吃汤及鸭块。

功效　清热利水，有利咽喉的养护。

吃出清新口气

1. 清新口气是最好的名片

曾经有这样一则广告：一群帅哥靓女在cal拉OK。一个男生拿起麦克风，对着一个女生，电力四射，开始歌唱。女生开始像是被电着了，露出了会心的微笑，准备和帅哥翩翩共舞。可是，她突然拧起眉头，好像闻到什么味道，捏着鼻子，闪开了娇躯。这时，出现一个旁白："口气不清新，机会全跑掉，为什么不试一试XXX"？这时候，这个男生开始大嚼某品牌口香糖，然后再次高歌，而那个女生这次开始主动放电，凑到近距离，幸福地闭上双眼，陶醉于男生的"清新口气"。

的确，一个人的形象再好，如果一张口，一股难闻的口气就会使别人"退避三舍"，的确是大煞风景。中医认为口臭是由于胃火旺，或湿浊蒸腾所致。究其原因，无非有三：

一是口腔卫生不良。口腔卫生不良，食物碎屑附着在牙上被细菌分解而产生臭味。不坚持正常刷牙、漱口，牙结石过多，爱吃零食等均可导致口臭，大量抽烟者的口、鼻中会有烟臭味。当然，吃了某些刺激性的食物也会导致口臭。

二是口腔疾病。龋齿、牙龈炎、牙髓炎及唾液腺炎等都可引起腐败性口臭。

三是全身疾病。呼吸道疾病容易导致口臭；糖尿病患者口中可出现烂苹果味、酮味；尿毒症病人口中会有氨臭；血友病患者口中可出现血腥臭；长期便秘也能引起口臭。

要消除口臭，必须注意口腔卫生，不让口腔存留食物残渣。因全身或口腔疾病引起的口臭，必须到医院进行治疗。

利用饮食来消除口臭也是一个不错的方法。要想消除口腔内的异味，首先要吃得好，也就是讲究饮食平衡，摄入足够的蛋白质和碳水化合物，以及富含各种维生素的蔬菜和水果。

其次要多吃素食。饮食中要少吃蛋白质，素食者就很少有口臭的。

还要注意营养均衡，多吃含叶绿素多的蔬菜、瓜果，比如生菜、油菜等；避免多食气味强烈、刺激性及不易消化的食品。这些食品不仅会刺激胃肠道黏膜产生过量的酸，而且由于不易消化容易造成口腔异味。

一天中，凡是能冲洗掉细菌和促使唾液分泌的办法，都对治疗口臭有效。比如用水漱口，每半个小时喝几口矿泉水，不时吮吸一下柠檬瓣等等。喝一口掺有柠檬汁又不带糖的凉茶是最好的去口臭办法。

2. 除口臭方法大检阅

口臭是一件令人难堪的事情。不过好在去除口臭的方法也很多，能够做到“兵来将挡”。为了不令自己终日有口难言，不在众人面前“三缄其口”，请你看一看下面清新口气的方法，哪一种最适合自己，有效地帮助自己清除口内异味吧。

嚼茶叶——除各种口臭　将一小撮茶叶放入口中，细细咀嚼一番，就有消除口臭的效果。茶叶富有消菌的作用，能消灭形成口臭的主要杂菌。虽然喝茶也会对消除口臭有所帮助，但咀嚼茶叶具有更大的奇效。不过，如果光嚼茶叶的话，茶叶渣会留在口中，感到极不舒服。因此建议你，茶叶与低糖的口香糖一同咀嚼，每天 2～3 次，不仅有助于口腔清洁，也可尽快地消除口臭。

高浓度薄荷糖——除浓烈食物味的口臭　专门针对吃过洋葱、蒜头、咖喱等富挥发性气味的食物引致的口气，能迅速令口腔恢复清新，但只能持久 30 分钟。

饮柠檬水　　除口干造成的口臭　饮清水可令口腔经常保持湿润，在水中加上一片柠檬，能刺激唾液分泌，减少因鼻塞、口干或口腔内残余食物引致的厌氧细菌造成的口臭。

蔬菜水果——除消化不良造成的口臭 因肠胃消化不良或便秘带来的口腔异味，最直接的方法当然是多吃蔬菜及水果等纤维食物，令消化系统变得健康。

刷舌——除舌苔细菌造成的口臭 在舌头表面除了味蕾外，还有进食后的食物残渣，在黏膜脱落后成为舌苔。在这种情况下也会让细菌有机会繁殖，造成口臭。所以，在刷牙后，应用牙刷柄刷舌头表面的舌苔。

3. 去除口腔异味的食物

牛奶 牛奶能够有效地去除蒜味。牛奶中的蛋白质会与大蒜发生反应，就可以有效去除蒜味了。不过，喝牛奶时，注意要小口慢咽，让牛奶在口腔中多停留一会儿，而且最好喝温牛奶，这样效果会更好。

花生仁 吃了大蒜后，嚼一些花生仁、核桃仁或杏仁等蛋白质含量较高的食物，让蒜中的辛辣素“硫化丙烯”与蛋白质结合，就可以使口中的蒜味去除。

丁香 医学研究发现，丁香花蕾含挥发油（丁香油），油中主要含丁香酚、乙酰丁香酚、水杨酸、苯甲醛等，还含三萜化合物如齐墩果酸、黄酮等。药理实验证明，丁香浸出液、丁香油、丁香酚等确有杀菌、消炎等作用。因此，用丁香可以消除口臭。

酸奶 多喝酸奶可以减少人体内的硫化氢含量，而硫化氢是口腔异味的主要诱因。酸奶有助于缓解口臭的关键在于酸奶里的活性细菌，尤其是乳酸菌和喜温的链球菌。

香芹菜 这种草本植物最有助于消除口中的异味，尤其是烟味。嚼得时间越长越好，或者用来沏茶喝。

富含纤维素的蔬菜和水果 包括苹果、胡萝卜和芹菜等。这些蔬菜和水果有助于分泌大量唾液。唾液不仅能湿润口腔，还能清除附着在牙齿上面或塞在牙缝中的食物残渣。这些食物残渣也是导致口腔异味的原因之一。

海带 近年研究发现，海藻类植物海带中含高效的消除臭味的物质，

其消臭的效果是现有口臭抑制物黄酮类化合物的 3 倍。因此，患有口臭的人，常食海带有消除口臭作用。

4. 给你清新口气的饮食

藿香粥

原料　藿香 20g，粳米适量蜂蜜适量。

做法　将藿香洗净，放入锅内（一定要用铝锅），加水煎 5 分钟，弃渣取汁待用。再将粳米入锅内加水适量，用大火烧沸，再用文火熬煮，待粥熟时，加入藿香汁，再煮沸即可食用。

功效　能够有效保持口腔的清新。

薄荷粥

原料　薄荷叶 25g，粳米适量。

做法　将薄荷叶加适量水熬，弃渣取汁待用。将粳米煮至米熟，再加入薄荷叶汁，煮沸即可食用。

功效　薄荷是清洁口腔的最佳食品，做成粥，同样能够起到清洁口腔的作用。

麦门冬粥

原料　麦门冬 25g，粳米、冰糖各适量。

做法　将麦门冬煎熬成汁，弃渣取药汁待用。将粳米入铝锅内，加水适量，再将麦门冬汁和冰糖适量同入锅内，用大火烧沸，用小火煮熟即成。

功效　能够有效地清新口腔。

甘草苹果饮

原料　甘草 30 片，苹果 1 个，香菜 20 棵，蜂蜜适量。

做法　将苹果切块，和甘草、香菜一起下锅（砂锅），放两碗半水煎成一碗左右。弃渣取其汁，稍凉后加入适量蜂蜜即可饮用。一天 1 次，连服 5 天。

功效　能够有效地去除口臭。

香口荔枝粥

原料 荔枝5枚，糯米50g。

做法 将荔枝和糯米一同放入锅中加水煮为稀粥，3～5天为一个疗程。

功效 具有温阳益气、生津养血功效。能够有效去除口臭。

第 5 章　美丽从“头”开始

为头发补充营养

1. 让黑头发飘起来

拥有一头飘逸、乌黑的头发，是每一位女性的骄傲。但是，一头靓丽健康的头发，并不是只靠简单的几瓶洗发水、几盒名牌的护发素就能够得到的。

要使头发秀美，一个重要的方面是合理补充有助于头发健美的营养食物。中医认为，头发的润养来源于血，故发有“血余”之称。头发的营养虽来源于血，其生机则根于肾气，因此发为肾之华。发的生长与脱落、润泽与枯槁，均与肾的精气盛衰有关。所以，要维护秀发的健康，就要切实加强营养。

头发与身体其他部位一样，每天也在进行新陈代谢，要使头发保持健康美丽，除了要做好梳、洗、理之外，还要注意供给头发充足的营养。俗话说：“民以食为天，食疗食补是根本”，要想让黑头发飘起来，在日常生活中不但要保持平衡的饮食规律，还要保持各种营养成分的摄取。

头发的主要成分是含硫氨基酸的蛋白质。饮食中蛋白质摄入不足，会使人营养不良。头发营养不良，则毛根萎缩、头发变细、失去光泽，并容易产生脱发。因此，要保证充足的蛋白质摄入，正常成人每天不少于70g，可以使头发生长良好。富含蛋白质的食物以奶类、蛋类、瘦肉、鱼、豆制品中含量最为丰富。

维生素也是头发健康生长不可缺少的营养素。维生素A对于维持上皮组织的正常功能和结构的完善，促进头发的生长起十分重要的作用。含维

生素A丰富的食物有胡萝卜、菠菜、莴笋叶、杏仁、核桃、芒果等瓜果蔬菜，其次动物肝脏、鱼虾类以及蛋类也富含维生素A。

而维生素B则可以促进头皮的新陈代谢，维生素B类存在于新鲜蔬果、全谷类食物中，如菠菜、西红柿、香菇、扁豆、小麦、红米、花生、大豆等。此外，沙丁鱼、奶酪中也含有丰富的维生素B族。

维生素E可以促进血液循环，促进头发生长，保持头发的活力。它主要存在于核桃仁、橄榄油、玉米、麦芽、豌豆、芝麻、葵花籽等食品中。

对于头发来说，矿物质也是不可或缺的。矿物质摄入不足同样会影响头发生长。这是因为铁、锌、铜、钙等微量元素是人体组织细胞和皮肤毛发中黑色素代谢的基本物质，缺乏这些物质会引起头发过早变白。黑色食品则含有较多的这类微量元素，常见的包括黑豆、黑米、黑木耳、黑枣、黑芝麻、乌骨鸡等。

保养自己的头发不仅要注意增加营养，还要注意忌吃下列的食物：

忌糖 甜食在新陈代谢过程中会产生大量酸性物质，有碍头发生长。糖类分解时所产生的高热能，会使汗腺、皮脂腺分泌旺盛，使皮下脂肪堆积，阻碍营养吸收。

忌油腻 肥肉含动物性脂肪，会令皮下的脂肪增厚，使皮脂腺分泌过盛，导致皮脂外溢，影响毛囊功能而使头发易脱落。此外，脂肪在代谢过程中也会产生酸性物质，影响血液酸碱值，不利头发生长。

忌烟酒 香烟会使头皮微血管的循环功能受到影响。另外，酒能酿湿生热，妨碍皮脂腺的正常分泌，令头发脱落。加上酒会影响肝的藏血和宣畅功能，令头发的气血供应受阻，而失去养分而脱落，即使是喝啤酒及葡萄酒也要适量。脱发者更应避免喝酒。

忌辛辣 辛辣食品如葱、蒜、辣椒、胡椒、芥末、咖喱等刺激性食物，使头发失去滋润而焦枯易落。尤其是对于肝肾阴亏、体质偏热的人士，会加速脱发。

总之，要想头发好，就要让头发营养充足。这样，才能够保证头发健康靓丽、秀发飘逸。

2. 不同的发质不同的饮食

浓密而富有光泽的头发是一个美丽女性的重要象征。但是有些人的头发却干燥、枯焦、无光泽、易折断……严重影响了美丽指数。这其中的原因很多，与精神因素、健康因素、神经调节障碍或营养代谢等有关，注意饮食保健，多吃美发食物，便是秀发如云的秘密。如果能够根据不同的发质采用不同的饮食方式，往往可收到较为满意的效果。

早秃 全身营养不良或消化不良、代谢功能不全等，都会造成营养障碍，使头发变得细而干燥，毛根发生萎缩，脆而易掉，从而出现早秃。预防早秃要注意经常补充一些头发生长所必需的铁、硫、维生素 A 和优质蛋白质。要保证植物蛋白的摄入。植物蛋白可保证毛囊血液供应，防止头发早秃。大豆蛋白是防止早秃的最佳食品。此外，还可选食黑豆、玉米等。常食富含维生素 E 的食物，如卷心菜、鲜莴苣、黑芝麻等。因维生素 E 不仅可抗衰老，还可改善头皮毛囊的微循环，促进毛发生长。应多吃素食豆制品、新鲜蔬菜等，并注意摄取含碘、钙、铁多的甲鱼、鲜奶和海带等。

脂秃 脂秃的发生与雄激素、遗传和年龄有关。雄激素是主要因素，它能刺激皮脂腺增生，头发则变得油腻、脱屑、易脱落。脂秃在饮食方面要多食含植物纤维素、维生素 A 丰富的韭菜、胡萝卜、苋菜、南瓜、杏子等蔬菜和水果。常食含维生素 B_6 和泛酸丰富的食品，如马铃薯、豌豆、橘子、蚕豆、青鱼、葵花籽、芝麻等。维生素 B_6 具有调节脂肪酸及脂肪合成速度的作用，还有刺激毛发再生的功能。泛酸可促进组织再生、蛋白质合成及黑发生长。要注意的是，要忌食刺激性食物，禁烟酒，特别要限制油腻食物及甜食，如花生米、巧克力等。可选用首乌、枸杞、山楂、红枣、莲子、芝麻、小黑豆等食物组成治疗方剂。

产后与更年期脱发 产后脱发的主要原因是婴儿出生后，产妇体内产生的雌激素开始减少。另外，妊娠期应该脱落的头发没有脱落，但在产后 2～7 个月内，这些头发往往会脱落。更年期脱发的原因是精神压力大与激素失调，合理的饮食有助于防止此类脱发。一日三餐要平衡，要禁食那些会引起头皮产生过多油脂的食品。经常滋补富含铁质的食品，如黄豆、黑

豆、菠菜、鸭肉、鸡蛋、带鱼、鲤鱼、花生、香蕉、胡萝卜等。常食含碘食物。甲状腺素为女性头发秀美所必需，而碘可刺激甲状腺的分泌功能，可常吃海带等海产品及碘盐。

白发或头发枯黄 白发不是因为遗传所致，就很有可能与饮食有关。饮食中若缺乏叶酸、泛酸、蛋白质、维生素 B_1、维生素 B_2、维生素 B_6 或因高度营养不良，是早生白发的主要原因。饮食中缺乏铜、钴、铁等，也可导致白发。如血液中含过多的酸性物质，如大量乳酸、丙酮酸、碳酸等，易使头发枯黄。过量食糖及动物脂肪，都会使机体在代谢过程中产生酸性物质，从而使头发发黄。对于白发或头发枯黄的患者，饮食合理是至关重要的。适当多吃些粗粮、豆类、花生、绿色蔬菜及瓜果等含维生素丰富的食物。动物肝脏以及柿子、西红柿、马铃薯中，均含一定量的铜、铁等元素。避免过食甜食、糖果、巧克力、肥肉等，应多吃些在体内代谢后呈碱性的食物，如新鲜蔬菜、水果等，这样可避免头发发黄。

另外，黑芝麻、核桃、桑仁首乌人参酒、何首乌粥等对头发发黄的防治也有益处。

3. 把问题头发交给嘴巴

拥有一头飘逸如云的美发，这是最值得女性骄傲的资本。要想从根本上给头发最贴心的呵护，到底有什么好办法呢？以下几种食物就是问题解决的根本，如果你能耐心了解它们蕴含的营养，并且肯用食补这种细水长流的方式，既可补身体，又可吃出一头秀发，而且无污染、花钱少，下面的方法可以一试。当然，重要的还是坚持，补养头发的难题即可从本质上得到解决。

海产品 海产品如紫菜、小鱼干、蚬等，有助于保持血液酸碱度的平衡；尤其是海鲜中的碘、硫、铜和蛋白质，是生发及养发的必要物质。

大蒜 大蒜可以刺激皮肤，使毛根血流增强，促使头发生长。

猕猴桃 猕猴桃可谓水果的营养之王，富含胡萝卜素、维生素 C、精氨酸，除了卓越的抵抗衰老的本领，即抗辐射、氧化和自由基，还含有大量的 ALA 酸，能帮助秀发维持水分，防止头发干燥，可全面改善头发状态。

金橘 金橘富含大量的维生素，具有刺激头皮新陈代谢的作用，并能使染发后的发色保持鲜亮，同时，其清新香味则能够让人精神放松，起到提神醒脑的作用。

杨桃 杨桃被称作“VC活力精灵”，这是所有水果中含糖量最高的一种水果，内含蔗糖、果糖、葡萄糖，同时含有苹果酸、柠檬酸、草酸及维生素 B_1、B_2、C，微量的脂肪及蛋白质等多种营养成分，可以帮助体内消化、滋养和保健头发，对头发具有保温及增强弹性的作用，让头发恢复天然美态。

木瓜 木瓜被世人誉为“万寿瓜”，木瓜所含酵素近似人体生长激素，多吃可以丰胸减肥，令人保持青春，而且其中所含有的丰富维生素C、铁、钾、钙、胡萝卜素、叶黄素等可以为头发提供多种营养，清除代谢垃圾，为头发提供深层洁净和滋养。

蜜桃 蜜桃所含的营养成分有蛋白质、脂肪、糖、钙、磷、铁和维生素B及维生素C等，具有深层滋润和紧实肌肤的作用，使肌肤润滑有弹性，而且能增进皮肤抵抗力。同时，蜜桃还能给予头发高度保湿和滋润，增强头发的柔软度。

猴头菇 猴头菇是一种高蛋白、低脂肪、富含矿物质和维生素的优良保健食品，营养价值很高。它还含有人体所必需的多种氨基酸，经常食用，对身体健康大有益处。猴头菇也是出色的美发食品，对头发的生长有很好的促进作用。

荠菜 荠菜是种口味清香鲜美的蔬菜，营养也非常丰富。它含有蛋白质、粗纤维、胡萝卜素、钙、磷、铁以及多种维生素，而这些营养素都是人体必需的重要物质。荠菜还有清热解毒、凉血止血的作用，对防止头发早白十分有益。

黑芝麻 黑芝麻富含油酸、棕榈酸、维生素E、叶酸、蛋白质、钙等多种营养物质，特别是油脂的含量较高，能有效地润泽肌肤、滋养头发，对改善头发干燥、易断等不良状况有显著作用。

核桃 核桃脂肪含量很高，还含有维生素C、胡萝卜素、蛋白质、油脂、糖类等多种营养元素，经常食用可以使头发乌黑亮泽。古书中对此也

有记载，称核桃能“通经脉、黑须发”，可见核桃的美发功能名不虚传。

海参　海参因为富含多种营养成分，自古就是美味佳肴和养颜佳品。它还含有珍贵的抗衰老物质，有养血润肤、滋阴补肾等良好功效。海参中碘的含量很高，可以使头发更乌黑、更润泽。

4. 中药养发秘诀

中药美发的历史源远流长，是中医药学中的一颗明珠。历代本草文献中有关美发中药的品种很多，其中很多已被现代医学所证实确有很好的功效。无论国外还是国内都对中药美容美发给予极大关注。德国、日本等许多国家对中药的美容美发作用进行了实验。国内许多厂家也竞相研制出一些添加中药的美容美发剂。

何首乌　何首乌含有卵磷脂等营养成分，具有养血祛风之功，有调节神经、内分泌功能和营养发根的作用，促使头发黑色素的生成，使头发更黑。同时，何首乌还含有大黄酚和大量淀粉。淀粉水解后，生成的葡萄糖具有很好的润发作用，是配制头发调理剂的最佳中药原料。根据现代药理实验证明，何首乌所含卵磷脂为细胞膜的重要原料，能促进细胞的新陈代谢和生长发育，从而延缓细胞的衰老，益寿延年。

黄芪　黄氏含有多种氨基酸、甜菜碱、叶酸、生物碱及人体必需的微量元素，具有扩张血管、改善皮肤的营养、防治脱发促进毛发生长的作用，是美容美发配方中常用药物之一。

当归　当归有行血、补血、止痛、润肤之功效。能扩张头皮及皮肤的毛细血管，促进血液循环，抗维生素 E 缺乏。如用当归提取物制成的当归洗发剂能防止脱发，滋润皮肤毛发，并使头发乌黑发亮，还能防止黄发和白发。

枸杞子　枸杞子含有美容必需的维生素 A、B_2、C 和微量元素钙、磷、铁等，尤以维生素 A 和维生素 C 含量高，可防止脱发，使头发乌黑发亮。同时，对人体必需的维生素及微量元素缺乏而引起的黄发、白发、面色无华、皮肤干燥等均有显著疗效。由于它还能促进头发黑色素的生成，对斑秃有很好的疗效。

川芎 川芎具有祛风、活血、润肤、止痒的功效，有利于面部营养改善。现代药理证明，川芎能扩大头部毛细血管，促进血液循环，增加头发营养，并使头发有良好的柔韧性和不易变脆的功能，且能延缓白发生长，保持头发润滑光泽。

丹参 丹参的主要功效是活血祛淤。由于含有丰富的维生素及微量元素锌、铜、铁等，能促进毛发黑色素的生成，亦能改善因微量元素缺乏而造成的白发、黄发、头发干燥等症。

5. 保养头发的营养膳食

头发的生长需要大量的营养，所以，平时可以多吃一些对于头发生长大有好处的食物，就会对拥有一头乌黑靓丽的头发打下坚实的基础。大家在平时不妨多食用以下的膳食。

奶汁猴头菇

原料 猴头菇、纯牛奶、盐、鸡精、高汤、淀粉等各适量。

做法 猴头菇洗净，切成大片，人沸水中煮熟，待用；锅内放适量纯牛奶和高汤，用盐和鸡精调味后，放入猴头菇，煮沸后淀粉勾薄芡，即成。

功效 补充头发的营养，使头发健美黑亮。

花生大枣炖猪蹄

原料 猪蹄1000g，花生100g，大枣40个，料酒、酱油、植物油、白糖、葱段、姜、味精、花椒、八角茴香、盐各适量。

做法 将猪蹄去毛洗净，用清水煮到四成熟后捞出，用酱油涂抹均匀，放入植物油内炸成金黄色；放入砂锅，注入清水，放入其他原料及调料，在旺火上烧沸后，改微火炖至烂熟即可食用。

功效 养气补血、养发护发，对于头发生长很有好处。

荠菜包

原料 荠菜、面粉、盐、鸡精、酵母各适量。

做法 荠菜洗净，用沸水焯一下，捞起后切成末，加盐、鸡精拌成馅；用酵母将面粉发好，取大小适中的面团擀成皮，包上荠菜馅，做成菜包，上笼蒸熟，即可。

功效 养发护发。

雨花汤团

原料 黑芝麻、汤圆粉、可可粉、糖各适量。

做法 黑芝麻炒熟，磨成粉，加适量水和白糖制成汤圆馅，待用。汤圆粉加水和少许可可粉和好，包入黑芝麻馅，做成汤圆。将汤圆下锅煮熟，即成。

功效 养发护发、乌发美容。

黑豆生发饮

原料 黑豆500g。

做法 将黑豆洗净，放入砂锅中，加入水用小火熬煮，等到豆粒饱胀，然后取出黑豆，撒上盐，储存在瓷瓶中。每次用温开水送下，一日2次。

功效 补气养血、生发养发，使头发乌黑靓丽。

蒜苗炒豆腐

原料 青蒜苗250g，豆腐干200g，盐、味精、油各适量。

做法 将豆腐切成片，蒜苗切段，锅中放油烧热，入蒜苗煸炒至翠绿色时，放入豆腐干继续炒熟，不要将蒜苗炒得失去绿色和嫩感为宜。然后加入盐、味精即可。

功效 美容生发护发。长期食用，可使头发乌黑旺盛。

核桃芝麻酪

原料 核桃500g，黑芝麻500g，红糖适量。

做法 将核桃和黑芝麻同炒熟，然后取出。将锅中放入红糖，入适量水，熬至黏稠状，将芝麻和核桃放入，搅拌均匀。起锅后，倒入涂有油的盘子中，摊平，切成小块儿即可食用。

功效 健脑补肾、营养头发，使头发乌黑发亮。

脱发的烦恼由此结束

1. 饮食让秀发不再“凋零”

如今患脱发症的人越来越多，而且日趋年轻化，“聪明绝顶”的人常为此大为苦恼。

一般来说，掉头发人人都有，每天掉几十根头发是正常的，这是新陈代谢的表现。头发有它自己的寿命，长到一定长度，寿命到头了，它就老死，自然会脱落下来，这是一种正常现象。但如果脱发远远大于此数目甚至有块状掉发，那就需要引起重视了。

不正常的掉头发，是因为头发的生长受到了影响的缘故。头发的生长需要营养，而营养是靠血液运送的，如果一个人长期多病、身体软弱、血气不足，身体营养很差，头发就会因缺少营养、生长不好而脱落。这样的人就容易掉头发，掉得也比较多。有人生过一场大病以后，头发掉得稀稀拉拉的，就是这个原因。

中医认为，五谷可以补肾，肾气盛而头发多。中医理论认为，肾为先天之本，其华在发。因此，头发的生长与脱落过程反映了肾中精气的盛衰。肾气盛的人头发茂密有光泽，肾气不足的人头发易脱落、干枯、变白。头发的生长与脱落、润泽与枯槁除了与肾中精气的盛衰有关外，还与人体气血的盛衰有着密切的关系。女性更年期时，各种器官都开始衰退，雌激素分泌逐渐减少，脱发现象可能也会伴随出现。

脱发与现代快速、紧张的生活和工作节奏，激烈的社会竞争所带来的精神压力，以及女性频繁染发也有关系。但主食摄入不足也是导致脱发的

重要“催化剂”。历代养生家一直提倡健康的饮食需要“五谷为充、五果为养”，也就是说人体每天必须摄入一定量的主食和水果蔬菜。主食摄入不足，容易导致气血亏虚、肾气不足，导致脱发。另外，很多人经常在吃正餐的时候只顾喝酒、吃菜，忘记或故意不吃主食，这很容易因营养不均衡而使肾气受损。此外，主食摄入少了，吃肉必然增多。研究表明，肉食摄入过多是引起脂溢性脱发的重要“帮凶”。此外，过度追求苗条的身材，以节食的方式减肥，会导致头发因缺乏充足的营养补给而变得干枯无光泽，进而导致大量脱发。

每个健康成年人每日粮食的摄入量以400g左右为宜，最少不能低于300g。即使在减肥期间也不能不吃主食。此外，适当摄入一些能够益肾、养血、生发的食物，如芝麻、核桃仁、桂圆肉、大枣等，对防治脱发将会大有裨益。

补充铁质　经常脱发的人体内常缺铁。铁质丰富的食物有黄豆、黑豆、蛋类、带鱼、虾、熟花生、菠菜、鲤鱼、香蕉、胡萝卜、马铃薯等。

补充植物蛋白　头发干枯、发梢裂开，可以多吃大豆、黑芝麻、玉米等食品。

多吃含碱性物质的新鲜蔬菜和水果　脱发及头发变黄的因素之一是由于血液中有酸性毒素，原因是体力和精神过度疲劳，长期过食纯糖类和脂肪类食物，使体内代谢过程中产生酸毒素。肝类、肉类、洋葱等食品中的酸性物质容易引起血中酸毒素过多，所以要少吃。

补充碘质　头发的光泽与甲状腺的作用有关，补碘能增强甲状腺的分泌功能，有利于头发健美。可多吃海带、紫菜、牡蛎等食品。

补充维生素E　维生素E可抵抗毛发衰老，促进细胞分裂，使毛发生长。可多吃鲜莴苣、卷心菜、黑芝麻等。

2. 防止脱发的食物

脱发的饮食疗法就是通过在饮食过程中补充有益于头发生长和健康的食物，从而达到促进头发生长、防止或改善脱发的产生。

饮食可以帮助头发摄取正确的营养。脱发者应多摄取以下几类食物。

如鸡蛋、牛奶、瘦肉、豆类、鱼贝等含硫氨基酸丰富的食物；

菠菜、花椰菜、芹菜、各种豆类、柠檬、橘子、柳丁等，除了有制酸作用外，还含有构成发质所必需的微量元素；

多吃玉米、香菇、芹菜、芝麻及蔬果等能增进发质的食物，可均衡地促进蛋白质的充分利用；海带、紫菜、小鱼干、蚬、蛤、蚌之类海生物，有助于保持血液酸碱度的平衡。海产品中也富含碘、硫、铜等多种元素，以及高效价的蛋白质也是生发的必要物质；麦片、花生、豆类、香蕉、酵母、蜂蜜、蛋类、猪肝、酸乳酪等食物中含丰富的维生素 B_6 和维生素 E，能预防白发，促进头发生长。

除了以上需要补充的食物外，掉发者也应避免对头发不利的饮食。具体如下：

甜食在体内代谢过程中会生成大量酸性物质，对头发的生长有碍。当糖类分解时所产生的高热能，会使汗腺和皮脂腺分泌旺盛，且在皮下脂肪堆积，阻碍毛囊的营养供给而易掉发；肥肉含动物性脂肪，食用多了容易使脂肪产生代谢障碍、皮脂腺分泌过盛，影响毛囊功能而使头发容易脱落。脂肪在代谢过程中会产生酸性物质，影响血液酸碱值，不利头发生长；辛辣食物会使头发失去滋润而脱落。若你是脂溢性脱发，伴随头皮瘙痒严重者，蒜、辣椒、胡椒、咖喱等刺激性食品要拒绝食用；过度的烟酒会使头皮的血液循环受到影响，酒还会妨碍皮脂腺的正常分泌，所以也最好不要去碰它们。

3. 脱发食疗方

莲荔粥

原料　莲子 50g，荔枝 50g，粳米 150g。

做法　将荔枝、莲子去壳及核，同粳米一起入锅煮粥。

功效　乌须发，使白发变黑。

枸杞黑芝麻粥

原料　黑芝麻 25g，枸杞子 20g，粳米 100g。

做法　将上述食物一起煮粥食用。

功效　可补肝肾、益气血。适用于头发早白、脱发等患者。

首乌猪脑汤

原料　何首乌250g，核桃仁50g，猪脑1个。

做法　水煎何首乌，弃渣去汁，用汁炖核桃仁与猪脑，熟后调味服用。一天1次，直至长出新发。

功效　此品对于肾虚脱发者有良效。

黑芝麻美发饮

原料　芝麻30g，枸杞子20g，何首乌15g，杭菊花10g，冰糖5g。

做法　将黑芝麻洗净，与枸杞子、何首乌、杭菊花一同放入砂锅中，加清水，小火炖40分钟，加入冰糖，再炖20分钟即成。

功效　滋补肝肾、养血益精、泽颜美发。适用于精血亏虚引起的须发早白或发黄或发落不生者。

乌发糖

原料　核桃仁、黑芝麻、蜂蜜各250g。

做法　黑芝麻炒香，核桃仁去油，蜂蜜入锅内炼至滴水成珠时，加入核桃仁，迅速搅拌均匀，出锅，以黑芝麻裹衣，待冷，置干净密闭容器内备用。

功效　补肾固精、乌须黑发。适用于肾精亏虚引起的须发早白。

银耳鹌鹑蛋

原料　银耳15克，鹌鹑蛋10个，冰糖少许。

做法　将银耳摘洗干净，上笼蒸约60分钟，将鹌鹑蛋用冷水煮熟，剥去皮。用小铝锅加清水和冰糖煮沸，放入银耳、鹌鹑蛋稍煮片刻，撇去浮沫，盛入碗内即成。

功效　对于脂溢性脱发有很好的效果。

山楂荷叶粥

原料　山楂60g，荷叶1张，大米适量。

做法　先将前两者水煎取汁，调人大米内煮粥即可，一日1剂，早晚服食。

功效　对于脂溢性脱发有良效。

首乌芝麻生发汤

原料　何首乌25g，菟丝子25g，红枣10个，黑芝麻粉、黑豆粉、蜂蜜各适量。

做法　将上述材料加水熬成汤，待到水沸腾后，加入少许蜂蜜，过10分钟即可饮用。12天为一个疗程，连服三个疗程即可有效。

功效　对于因压力过大和更年期而造成的脱发有日常护养、生发之功，并且可以使头发乌黑靓丽。

首乌鹌鹑蛋

原料　何首乌25克，冬青子20克，生地20克，熟地20克，鹌鹑蛋10个。

做法　将上述材药加水浸透，放入鹌鹑蛋，煮熟然后去壳，再放入原汤中煮20分钟，去掉药渣，吃蛋饮汤。

功效　滋补肝肾、养发生发。

让白发不再“三千丈”

1. 合理饮食 告别“白发魔女”

武侠小说中有一个武功高强的“白发魔女”，满头白发，魅力无穷。但是，如果谁在现实中是一个“白发魔女”，那就会大煞风景，影响自己的形象。

白发的发生与头发中的黑色素减少密切相关。大家都知道，人的头发是由毛根、毛干、毛乳头等组成的，露在外的一部分叫毛干，埋在头皮内的部分叫毛根，毛根顶部的部分膨大如球，其顶部的凹陷部分叫毛乳头。毛乳头能制造很多黑色素，正是由于这些黑色素的作用，使人的头发呈现黑色。如果毛乳头在形成黑色素的过程中，某一生理环节发生了障碍，就会影响黑色素的生成。

之所以会出现白发，除了遗传的因素，也与心理状况有关。极度紧张、忧愁、悲伤会引起体内一系列急剧变化，造成内分泌严重失调，在很短时间内出现白发，使人仿佛一夜间头发突然变白。而中医认为，头发早白是由于肝肾不足、气血亏损所致。

早生白发还有一个重要的因素，就是与饮食有关。饮食中若缺乏叶酸、泛酸、蛋白质、维生素 B_1、维生素 B_2、维生素 B_6 或高度营养不良，是早生白发的主要原因。饮食中缺乏铜、钴、铁等，也可导致白发。如血液中含过多的酸性物质，如大量乳酸、丙酮酸、碳酸等，易使头发枯黄。过量食糖及动物脂肪，都会使机体在代谢过程中产生酸性物质，从而使头发发黄发白。

对于白发或头发枯黄的患者，合理的饮食是至关重要的。在生活中要注意以下几点：

1. 注意调整饮食。适当多吃些粗粮、豆类、花生、绿色蔬菜及瓜果等含维生素丰富的食物。动物肝脏以及柿子、西红柿、马铃薯均含一定量的铜、铁等元素。

2. 猪肝、牛肝、鸡肝、猪肾、鸡蛋、鹌鹑蛋、牛肉和兔肉以及柿子、西红柿、马铃薯均含一定量的铜、铁等合成黑色素颗粒必不可少的金属元素，应该经常食用。

3. 经常吃一些有益于养发乌发的食物，如粗粮、豆制品、新鲜蔬菜、水果等，增加黑色素的原料。中医主张多吃养血补肾的食品有助于乌发润发，如核桃、黑芝麻、黑豆等。这些食物中都含有丰富的蛋白质以及头发生长和健美所必需的营养。

4. 避免过食甜食、糖果、巧克力、肥肉等。这是因为糖属于酸性食物，大量吃糖，可使体液碱度变成中性或弱酸性，促使细胞衰老，使人体环境适应能力差，头发变黄变白。应多吃些在体内代谢后呈碱性的食物，多吃些碱性的食物，如新鲜的蔬菜、水果、牛奶。

2. 揭秘黄发　因症施治

中国人都以拥有一头黑发为美，一首“黑头发飘起来”的歌曲更是唱出了黑发的风采。但是，许多人满头的秀发却发黄枯萎。虽然现在有很多人故意把头发染成黄色，以显示自己的时尚和个性。但是这满头黄发仍不抵满头黑发的诱惑。何况，黑发还是健康的标志。

那么，头发变黄到底是怎么回事呢？这就要仔细分析其中的原因。头发变黄，主要有以下的几种原因：

1. 缺乏某些微量元素。比如缺铁性贫血会导致头发营养不良；缺铜会影响黑色素的代谢，缺锌会影响细胞的生长和发育，头发自然会发黄。

2. 从头发的生理特性看，每根头发的根部都有一个毛囊，在它的周围有毛囊角化细胞和毛囊色素细胞，一旦这些细胞功能受到干扰或损害，黑发就会变黄。

3. 洗头发过勤或用碱性肥皂洗头。

4. 有人认为与吃粮或脂肪有关。因为这些物质在体内容易产生乳酸或碳酸等。酸性物质过多时，头发渐渐变黄。

5. 某种疾病导致的。如患硬皮病、红斑狼疮时头发不仅会变黄，还会大量脱落。

头发变黄的其他原因，亦可由精神紧张、过度疲劳以及饮食不当，如吃糖、脂肪过多，导致体内代谢过程产生的乳酸、冰醋酸、碳酸等酸性物质过多造成的。

既然明白了黄发的原因，那就可以有针对性地“对症下药”，来摆脱满头的黄发。

营养不良性黄发 主要是高度营养不良引起的，应注意调配饮食，改善机体的营养状态。鸡蛋、瘦肉、大豆、花生、核桃、黑芝麻中除含有大量的动物蛋白和植物蛋白外，还含有构成头发主要成分的胱氨酸及半胱氨酸，是养发护发的最佳食品。

酸性体质黄发 与血液中酸性毒素增多，也与过度劳累及过食甜食、脂肪有关。应多食海带、鱼、牛奶、豆类、蘑菇等。此外，多食用新鲜蔬菜、水果，如芹菜、油菜、菠菜、小白菜、柑橘等有利于中和体内酸性毒素，改善发黄状态。

缺铜性黄发 在头发生成黑色素过程中缺乏一种重要的含有铜的“酪氨酸酶”。体内铜缺乏会影响这种酶的活性，使头发变黄。含铜元素丰富的食物有动物肝脏、西红柿、马铃薯、芹菜、水果等。

辐射性黄发 长期受射线辐射，如从事电脑、雷达以及X光等工作而出现头发发黄，应注意补充富含维生素A的食物，如猪肝、蛋黄、奶类、胡萝卜等。多吃能抗辐射的食品，如紫菜、高蛋白食品以及多饮绿茶。

功能性黄发 主要原因是精神创伤、劳累、季节性内分泌失调、药物和化学物品刺激等导致机体内黑色素原和黑色素细胞生成障碍。此种黄发要多食海鱼、黑芝麻、苜蓿等。苜蓿中的有效成分能复制黑色素细胞，有再生黑色素的功能；黑芝麻能生化黑色素原；海鱼中的烟酸可扩张毛细血管，增强微循环，使气血畅达，消除黑色素生成障碍，使头发祛黄健美。

病原性黄发 因患有某些疾病，如缺铁性贫血和大病初愈时，都能使头发由黑变黄。此种情况应多吃黑豆、核桃仁、小茴香等。黑豆含有黑色素生成物，有促生黑色素的作用。小茴香中的茴香醚有助于将黑色素原转变为黑色素细胞，从而使头发变黑亮泽。

此外，为了消除黄发，生活还要有规律，注重劳逸结合，避免精神紧张和过度疲劳。要注意饮食平衡，适当多吃些含碘、钙、蛋白质丰富的食物，如海带、紫菜、鱼、牛奶、鸡蛋、豆制品等。同时，还应多吃些含铁的食品，因为铁对酸性食物有抑制作用。注意，猪肝、牛肝、洋葱等容易引起血液中酸性物质过多，不可多吃。

3. “白发”的天然克星

白发是一件令人郁闷的事情。其实，只要多注意饮食，就能去除白发。自然界中有很多“白发”的天然克星，多食用这些食物，就会使你的秀发乌黑发亮。

黑米 黑米具有滋阴补肾、健脾暖肝、补血益气、增智补脑、增强新陈代谢、明目活血、治少年白发、孕产妇补虚养生等功能。

黑养麦 黑荞麦可药用，具有消食、化积、止汗、消炎的功效，对于头发脱落、白发黄发有很好的效果。

黑豆 黑豆具有补肝肾、强筋骨、暖肠胃、明目活血、利水解毒的作用，也是润泽肌肤、乌须黑发的佳品。黑豆含有丰富的维生素、蛋黄素、核黄素、黑色素和被称作“生活素”的激素。其中 B 族维生素（维生素 B_1、维生素 B_2）和维生素 E 含量很高，仅维生素 E 含量相当于肉的 7 倍以上，对人体的营养保健、防老抗衰、美容养颜，增强精力活力的作用是很大的。

黑芝麻 黑芝麻具有补养肝肾、健脑润肺、养血乌发、坚筋骨、防衰老的作用，是一种常用的黑发佳品。

黑木耳 黑木耳具有益气补血、凉血止血、润肺镇静、清涤胃肠、乌发美容等功效。黑木耳含有核酸及其所含脂类成分中的卵磷脂，经科学研究表明，它具有健美美容、延缓衰老、延长青春的功效。

何首乌 何首乌是传统的乌发良药。其味苦性平，为补血祛风要药，

益精血、补肝肾，久服可长筋骨、益精髓、乌发驻颜，对于白发有奇效。

桑葚 桑葚含有丰富的葡萄糖、蔗糖、果糖、鞣质、苹果酸、钙、胡萝卜素、维生素 B_1、维生素 B_2、维生素C、尼克酸等成分，它可以促进血红细胞的生长，防止白细胞减少，对于防止白发很有效果。

4. 用饮食告别白发

传统的饮食中有很多对于白发有特效的食品，如果经常食用，对于白发具有很好的治疗效果。

首乌鸡蛋汤

原料 首乌25g，鸡蛋2个。

做法 将首乌和鸡蛋加水共煮，至蛋熟时取蛋剥壳，再煮10分钟，加食盐适量，稍煮片刻，吃蛋饮汤。一周1～2次，连服1～2个月，即可使须发乌黑。

功效 乌须黑发。

三黑汤

原料 黑豆100g，黑枣15个，何首乌50g。

做法 将黑豆洗干净后浸泡1～2小时，黑枣去核，何首乌切片，同时，放入砂锅中，加清水煮至黑豆烂熟，调味后食用。与正餐同食，每周1～2次。

功效 益精养血、滋肾生发，适用于血虚精损之脱发和须发早白者。

生地首乌茶

原料 生地黄30g，何首乌50g。

做法 将生地和何首乌洗净，用沸水冲泡代茶饮。3～6天一剂，连服3个月。

功效 滋阴降火、益肾生发，适用于脱发，须发早白，失眠多梦等。

黑豆首乌粥

原料 何首乌500g，黑芝麻500g，旱莲草500g，黑豆1500g。

做法 将以上原料加水浸泡6小时，再以文火煎至黑豆熟无水，不糊为度；将黑豆拣出。每日早、晚空腹时各服30粒。

功效　滋阴补血，适用于白发、脱发。

三豆乌发糕

原料　蚕豆（去皮）、黑豆、赤小豆各50g，糯米500g，蜂蜜、桂花、青梅丝、果脯料各适量。

做法　将蚕豆、黑豆、赤小豆加水适量，用文火煮烂后碾成泥状，加蜂蜜调成泥馅。糯米上笼蒸熟，将糯米饭和三豆泥馅分层摊放在纱布上，压平，切成小块即可。或在米糕中间和上面加入糖桂花、青梅丝、果脯料等。可做点心或主食。

功效　健脾补肾、清热解毒、乌发润发，适用于须发早白、枯燥等。

茯苓首乌膏

原料　何首乌200g，茯苓200g，当归仁50g，枸杞50g，菟丝子50g，牛膝、补骨脂各50g，黑芝麻50g，蜂蜜适量。

做法　将以上除蜂蜜外诸品同加水浸泡透发后，再放入锅内加热煎煮。每20分钟取煎液一次，共取3次，合其煎液，加热煎熬浓缩，至黏稠如膏时，加蜂蜜一倍，调匀，加热至沸，离火，待冷后装瓶备用。每次一汤匙，以沸水冲化顿饮，一日2次。

功效　补血、养阴、乌发生发。注意：感冒初期及脘腹胀满者不宜食用。

让头上不再“头屑飘飘”

1. 合理饮食 无“屑”可击

拥有一头飘逸洁净的秀发是每位爱美女性所向往的，但常常在不经意间回眸一顾，却发现满肩飘飞的“雪花”。密密麻麻的头皮屑，虽然不是大的问题，但也令人烦恼不已。

头皮屑实际上是头皮皮肤细胞剥落的碎片。之所以会产生头皮屑，是因为过量的头皮细胞剥落而引起的。一般而言，正常的头皮细胞的更替周期大约是30天，皮屑细胞完全成熟后，就会以肉眼无法看见的微小细胞剥落。但是感染了细菌的头皮，其更替周期缩短为14～21天。不成熟的细胞到达皮肤顶层，便会以肉眼可见的碎片剥落，这就形成了满头的“雪花”。

精神压力大、正常的作息和饮食常因工作而影响，加上环境的污染等，都会使头皮屑增多。

头皮屑增多一年四季皆可发生，以春秋季节明显。开始时可为小片，随后可大片或整个头皮遍布灰白色细小而油腻性的鳞屑，犹如糠秕状或麸皮。洗头后很快又产生新的鳞屑，常感瘙痒。日久头发逐渐稀疏脱落，并日益加重，严重者头皮可发生红斑丘疹等皮炎症状，造成更大痛苦。因此，对待头皮屑增多的现象不可轻视，应积极防治。

要减少头皮屑的产生，最好的办法是改变头皮的生长环境，使其不利于微生物的生长。皮脂是头皮屑一个良好的培养基，头发不干净，油脂过多，是头皮屑产生的最有利的环境，也是细菌、真菌生长的温床。改变不正常的作息习惯，少熬夜，口服复合维生素 B 或维生素 B_2、维生素 B_6 以及按摩等，都可以减少头皮屑的产生。

此外，还得注意饮食，这样才能够从根本上解决头皮屑的问题。平时饮食宜清淡、少吃或不吃刺激性食物，大便保持通畅、减轻压力等也是行之有效的方法。在饮食上要注意以下的事项：

增加碱性食物的摄入 科学家发现头屑过多与机体疲劳有关。疲劳的原因是新陈代谢过程中一些酸性成分滞留体内，如乳酸、尿酸、磷酸等，使血液的 pH 值发生变化，造成机体疲劳。同时，也使头部皮肤营养受到影响。而多摄入碱性食物，可使碱性成分中和体内过多的酸性物质，使酸碱达到平衡。这不但有利于头部皮肤的营养，而且减少头皮的脱落。应注意多吃碱性食物有水果、蔬菜、蜂蜜等。

多吃富含维生素 B_2、维生素 B_6 的食物 维生素 B_2 有治疗脂溢性皮炎的作用；维生素 B_6 对蛋白质和脂类的正常代谢具有重要作用。富含维生素 B_2 的食物有动物肝、肾、心、蛋黄、奶类和蔬菜等。富含维生素 B_6 的食物除上述外，还有麦胚、酵母、谷类等。

少吃辛辣和刺激性食物 因为头屑产生较多时，会伴有头皮刺痒，辛辣和刺激性食物会使头皮刺痒加重，故应少吃或不吃辣椒、芥末、生葱、生蒜、酒及含酒精饮料等。

少吃含脂肪高的食物 尤其是油脂性头屑的人更应注意。因为脂肪摄入多，会使皮脂腺分泌皮脂过多，从而加快头屑的产生。

2. 让肩头不再“飘雪”

要去除头皮屑，在饮食上要注意多食用一些含锌量比较多的食物。这是因为原本我们的头发内储存大量的锌，不当的饮食，致使这些锌大量流失，导致头发表层角化和干燥，导致头皮细胞脱落，形成头皮。要改善头皮状况，就要增加锌的摄入。一般来说，糙米、蚝、羊肉、牛肉、猪肉、

红米、鸡肉、意大利粉、奶、蛋等对抑制头皮屑很有帮助；苹果、李子、韭菜、大蒜、胡萝卜等新鲜蔬菜水果，也可抑制头皮屑生成。

此外，还要避免吃煎炸、油腻、辣、含酒精及咖啡因的食物，因为它们会刺激增加头油及头皮屑的形成，应戒掉。还要戒食过甜食品。因为头发属于碱性，如食用酸性的甜品，会影响体内的酸碱平衡，加速头皮屑的产生。

另外，用食盐加入硼砂少许，放入盆中，再加入适量清水使其溶解后洗头，对于消除头皮发痒，减少头屑有很好效果。

还用一种方法，用150ml的陈醋加入1kg温水中搅匀后洗发。每天若能坚持洗头1次，不仅能去屑止痒，对于减少头发分叉、防治头发变白也具有一定效果。

3. 饮食让头皮屑走开

菠菜粥

原料　菠菜50g，粳米适量。

做法　将菠菜用开水烫去涩味，切好备用。白米洗净下锅煮成粥，再将菠菜加入，调味即可食。

功效　适用于油性头皮屑者。

绿豆薏仁汤

原料　薏仁20g，绿豆30g。

做法　先将薏仁泡软，下锅煮半熟，再加入绿豆煮熟，调味即可食用。

功效　适用于油性头皮屑者。

香蕉柠檬汁

原料　香蕉1根，柠檬1个，牛奶500ml，豆粉50g，蜂蜜15ml。

做法　将香蕉、柠檬搅拌成汁，和牛奶、豆粉混合均匀，然后加入蜂蜜、柠檬汁即可。

功效　防止头皮屑，增加头发营养。

凤梨柠檬汁

原料　西红柿1个，凤梨1个，柠檬2个，西芹30g。

做法　将凤梨、西红柿去皮后和西芹一起倒入果汁机中搅拌，最后加入柠檬汁搅拌均匀即可。

功效　预防头皮屑、护发养发。

第 6 章　让你的身材更完美

瘦身不是大问题

1. 用美食成就魔鬼身材

每位女性都是美的崇拜者，都渴望拥有傲人的身材。“天使般的面孔，魔鬼般的身材”是每位女性最大的梦想，看看电视上、大街上的瘦身广告就知道现代女性对纤体瘦身的重视。许多女性都为了拥有“魔鬼”身材而煞费苦心，极尽各种招数。

想要拥有“魔鬼身材”，除了要多锻炼、勤运动以外，饮食也是很重要的一方面。只要科学的饮食，我们就可以在品味美食的同时，轻松拥有魔鬼身材。

要想用美食成就魔鬼身材，就要做到以下几点：

选用低热量食物　研究证明，同种类的食物所含的热量各不相同，想要有“魔鬼”身材，在膳食安排中应尽量选择热量低的食物。一般来说，鱼、虾、蟹肉、海参、海蜇等水生动物，由于脂肪低，所含的热量均低于其他肉类；禽类食物中，飞禽类的热量低于家禽肉的热量；畜肉中，牛羊肉的热量低于猪肉的热量，瘦肉低于肥肉；在奶制品中，脱脂牛奶比全脂牛奶的热量低；同是蔬菜，绿叶蔬菜、瓜类蔬菜的热量比根茎类蔬菜低。在日常饮食中注意选择食用。

注意粗细搭配　要拥有“魔鬼”身材，在饮食中就应注意粗粮细粮搭配食用，不要只吃精米精面。因为与细粮相比，粗米杂粮中含有更丰富的维生素、矿物质，特别是膳食纤维，能增加饱腹感。另外，一些杂粮如燕麦、荞麦、玉米、红薯等都具有降脂降压、清热通便、防止代谢性疾病等

食疗作用。所以，经常食用些粗粮，对瘦身有益。

多吃蔬菜和水果　想要拥有“魔鬼”身材，蔬菜和水果可以说是最佳食品。蔬菜和水果含水分量高，体积大，热量低，而且是维生素和矿物质的丰富来源。尤其是新鲜的绿叶蔬菜，富含维生素C、胡萝卜素、维生素B_2、钙、铁、锌、铜、镁和钾。多吃含热量低的蔬菜和水果，有利于调节生理功能和减轻体重。另外，蔬菜水果中还含有丰富的膳食纤维，多项研究表明，膳食纤维有明显的祛脂降糖、帮助消化、促进肠蠕动和通利大便等功能，对于保持身材很有好处。

讲究烹调方法　原料相同，但烹调方法不同，做出食品所含的热量相差很大。要想瘦身，应该采用蒸、煮、炖、煨、清炒、氽、卤、炝、凉拌等烹调方法，使用的烹调油少，菜肴的热量低。而煎、烹、炸、油焖、干烧等烹调法，使用的烹调油多，菜肴的含热量高。为了降低膳食中的热量，减少热量摄入，减肥者宜选用那些含热量低的烹调方法，并应选用植物油，不用动物油。

食用有减肥效果的食物　自然界中有许多食物具有减肥、降脂功能。平时，如黄瓜、冬瓜、白萝卜、韭菜、菠菜、绿豆菜、茼蒿、香菇、黑木耳、海带、竹笋、山楂、豆腐、海蜇、玉米、荞麦、燕麦、红薯、魔芋、兔肉、牡蛎等。

慎用“三高”食物　高热量、高脂肪、高胆固醇的食品很容易使人发胖。所以，要限制高热量、高脂肪和高胆固醇等“三高”食物。日常饮食中，应避免食用纯糖、巧克力、糖果、甜点、冰淇淋、甜饮料、花生、松子、蜂蜜、肥肉、黄油、奶油、内脏、动物脑、鱼子、动物油脂等，以有利于减肥。

2. 喝水真的会胖吗?

肥胖不仅影响人的健康，而且还会影响一个人的形象。所以，减肥成了一个永不过时的时尚潮流。每一个人都想要从身上减下两斤肉。而在诸多的减肥方法中，节食则是众多减肥人士的不二选择。可是，有些人虽然严格地节食，可身上的肉还是“噌噌”地长。不少人都在抱怨：我已经吃得够少了，为什么还会胖？真的喝水也会长胖？

其实，仔细追究起来，节食仍然长胖的原因主要有以下几种：

第一种原因，基础代谢率低。这是与遗传基因有关，研究发现当一个人肥胖达到一定程度时，身体会自动节能。所以，有这种遗传基因的人真的会“喝水也长胖”，除了等待基因疗法能够用于人体保健，促进新陈代谢的方法只有严格控制饮食热量的摄入和增加运动量。

第二种原因，就是饮食结构不科学。虽然吃得少但所摄入的热量不少或者生活方式不科学，这里又分以下几种情况。

偏爱高热量、高糖食品 有的人虽然表面看起来认真节食，正餐吃得很少，但是“东边不亮西边亮”，点心类食品以及各种零食却来之不拒。实际上，两块蛋糕所含的热量差不多已经是一个成年人一日所需的热量。所以，两块蛋糕之外的食物热量是多余的。这就不是喝水长胖的原因，要问为什么，恐怕自己心里最清楚。

偏爱油炸类、坚果类零食和洋快餐 这些食物都是量少质重，都是典型的高脂肪高胆固醇食品。每 100g 花生米中脂肪就占 44.4g，每 100g 核桃肉中脂肪占 58.8g，三餐之余，再加大量零食或者以高热量洋快餐为主，不经意中，添加的热量已经是大大地超出了身体的日常需求，就是不喝凉水也会长胖。

偏爱碳酸饮料 可乐属于高热量的食品，1.25L 的可乐所含的热量就相当于一个成年人日常所需的热量，哪怕一天只喝一杯，所吃食物的热量也多出来了，怎么会不长胖呢？

为了减肥不吃早餐 很多人误以为不吃早餐就可以减掉脂肪，所以饿着肚子去工作。殊不知不吃早餐反而会令脂肪比例更高，不吃早餐时，上午工作精神状态不好，而且会消耗掉身体的蛋白质，而在晚上大吃一顿或吃很多零食，从而摄入很多热量，但这时已经休息，身体不再消耗热量，这些热量就只能转化为脂肪贮存起来。

这几种情况的人发胖主要是因为饮食习惯不合理所致，如果能够改变一下饮食习惯，就再也不会出现喝水也长胖的情况了。

还有一种原因，就是运动量严重不足。人如果不去做运动，将多余的热量消耗掉，肥胖的产生是必然的。所以，在饮食结构相对合理的情况

下，每天要坚持做有氧运动至少 30 分钟。同时，注意能够步行的时候不用交通工具，上下楼梯尽量不乘或少乘电梯，另外，晚饭后散步（快速与匀速交递）40 分钟以上，可以消耗大量的热量。

由此看来，如果不是由于遗传的因素，喝水长胖的原因还在于自身。只要不是明显的暴食造成的肥胖，一般仅仅是自己感觉吃得少还是胖的人，只要调整饮食结构，加大运动量，坚持一段时间，肯定会有明显的减肥效果。

3. 小心减肥“无间道”

我们在日常饮食中常有一些习以为常的习惯，总觉得这样就是最科学的。其实，有些习惯恰恰就是减肥“无间道”，表面看起来是帮助我们减肥或保持苗条体型，实际上却是在助“肥”为虐，让我们变得更胖。所以我们要坚决地挖出这些让我们变得更胖的“坏习惯”，才能够变得更美丽、更苗条。充当“无间道”的习惯主要有以下几种：

长时间不进食　如果长时间不吃东西，身体将释放更多胰岛素，导致人们很快产生饥饿感，最终忘掉饮食禁忌，遇到好吃的就会放开肚子暴食，反而越胖。所以不进食的时间应不超过 4 小时。

不吃碳水化合物　许多人认为碳水化合物是肥胖的罪魁祸首，所以觉得不吃碳水化合物是一种行之有效的减肥好方法。当然不吃碳水化合物能很快减轻体重，但失去的是水分而不是脂肪，所以正确的做法是每天要摄取适量的碳水化合物。

生吃东西　有人觉得生吃东西可以少吸收热量，殊不知热量和生熟没有关系，生食不仅不能帮助减轻体重，而且容易中毒。所以，要注意少吃生食，多吃熟食。

喝很多咖啡　许多人每天咖啡在手，以此抵制吃东西的诱惑，也借此来满足一下自己的小资情调。这样虽然能够欺骗自己的胃，但不要忘了咖啡并不是“省油的灯”，它不是没有一点危害的，它会慢慢导致胃炎。因此，最好不要喝咖啡减肥，而是喝水或减肥饮料。

不吃盐　有人认为不吃盐可以减肥。这种做法也是错误的。人体每天必须摄取一定量的盐分，以维持身体的代谢平衡，否则，会对健康不利。当然，盐也不应多吃，要控制在健康的范围之内。

吃很多水果 吃水果固然能够起到减肥的效果，但是水果同样含有糖分，长期多吃会发胖。所以，要减肥的话，一天吃2～3个水果就可以了。

4. 血型瘦身

血型在医学上有着很重要的作用，输血的时候要根据血型来进行，来不得半点马虎。心理学上还有人根据血型把人分为几种不同性格的人，甚至还有人根据血型来算命。其实，减肥的时候也要根据“血型”而行，这样才能够有的放矢，有目的有针对性地减肥，达到最好的减肥效果。

专家认为，人类的每一种血型都具有特定的抗原，并以不同方式对植物血凝素（一种附着在食物中的蛋白质）发生作用。当食物中的植物血凝素与进食者的血型“匹配”时，就会产生延缓衰老、获得理想体重以及提高免疫力等效果。所以，不同血型的人，增肥或瘦身食物是不尽相同的。在此，推荐以下按血型分类的健康食谱供读者参考。

O型血——适应高蛋白食物

常食用的食物：牛肉、羊肉、鲈鱼、鸡蛋、脱脂牛奶、豆腐、大蒜、萝卜、莴苣、洋葱、甘薯、南瓜、苹果、柚子、葡萄、梨、西瓜、桃子、橄榄油或亚麻籽油。

少量食用的食物：鹅肉、肥猪肉、火腿、鱼子酱、章鱼，冰淇淋、酸奶、全脂奶、蘑菇、橄榄、马铃薯、白玉米、玉米油或葵花油。

可增肥的食物：小麦及其副产品、玉米、四季豆、小扁豆、洋白菜和花椰菜。

可减肥的食物：海生贝壳动物、卷心菜和菠菜。

A型血——适应素食

常食用的食物：豆类及其制品，鱼、鸡蛋、奶酪、奶油、萝卜、洋葱、南瓜、菠菜、芹菜、大蒜、柠檬、菠萝、李子、苹果、桃、葡萄干、樱桃、亚麻籽油等。

少量食用的食物：所有肉类、鱼子酱、小龙虾、小鳗鱼、大牡蛎、贝

壳类、全脂奶和冰淇淋、洋白菜、茄子、辣椒、菜油、马铃薯、橄榄、胡椒、香蕉、椰子、芒果、橘子。

可增肥的食物：肉类、乳制品、菜豆和小麦。

可减肥的食物：橄榄油、大豆、菠菜等绿叶蔬菜。

B 型血——对肉类与蔬菜都很适应

常食用的食物：各种肉类、海鲜、奶油，燕麦、大米、洋白菜、胡萝卜、青椒、花椰菜、葡萄、香蕉、苹果、葡萄汁、菠萝、橄榄油和鱼肝油。

少量食用的食物：奶酪、冰淇淋、各类坚果、花生、黄瓜、芝麻、苋菜、玉米、南瓜、萝卜、西红柿，椰子、石榴、菜油。

可增肥的食物：玉米、扁豆、花生、芝麻、小麦。

可减肥的食物：绿叶蔬菜、肉类、鸡蛋、奶酪、酸奶。

AB 型血——既适应动物蛋白也适应植物蛋白

AB 型血的人消化系统较为敏感，宜少吃多餐。鱼、豆腐、绿叶蔬菜和奶制品都是他们的健康食品。

所以，女性减肥的时候要根据自己的血型，选择适合自己的减肥方法，且不可再盲目的减肥。至于效果，试过之后自然就知道了。

5. 聪明进食　拒绝长肉

减肥瘦身不仅要选对食物，还要有正确的饮食方式，只有会吃，聪明地吃，才能够吃得健康，瘦身效果好。所以说，改变吃的方式来代替节食，可以说是现在最聪明的减肥法。

那么，怎样吃才是最聪明的吃法呢？要按照下面的原则来食用，肯定会对你的减肥有很大的帮助。

饿了就吃　有些女性为了节食，总是等到饿肚子的时候才吃东西。其实，这样反而会适得其反。等到饿肚子的时候才吃东西，不由得就会狼吞虎咽，吃得过多，自然会影响减肥的效果。也不要吃得太快。不喜欢的食物不要勉强吃，这些都是造成热量消耗不良、吃下的食物容易变成脂肪的原因。

定时进餐 遵循一个时间表，可以帮助减肥者不会胡思乱想，专心计划的实施。如果减肥者一天吃很多次东西，那么，到了那些不该进餐的时间就会觉得很想吃东西。所以，定时进餐对节食很有帮助。定时用餐，不一定是按传统一天三餐的时间用餐，而是要依自己实际需要，找出最合适的时间表。譬如：固定中午 12 点吃早餐，就把这点纳入时间表。如果晚上觉得有必要吃点心，也把它填进时间表。

克制对美食的欲望 千万不要见了喜欢吃的食物就忘记了减肥大计，大快朵颐、狼吞虎咽。殊不知，这一次放纵，就会让你数日的节食成绩化为泡影。所以，一定要控制住自己对于美食的欲望。要记住，只有坚持才会取得最后的胜利。

细嚼慢咽 很多人进食时都是狼吞虎咽。这种吃法使享受美味的乐趣大打折扣。更重要的是，吃得太快可能会使自己失去戒心，一不小心就吃得太多。

人体会在足够的时候自动发生“饱足”的信号：“够了！够了！再也吃不下了”。这过程需要大约 20 分钟，而且相当复杂，涉及胃、小肠中的荷尔蒙及其他的因素。如果进食的速度很快，可能在大脑指令到达之前便已摄取过多的食物了。因此，会使生理内部控制机能脱轨。

专心进食 有些人在进食时，可能是为了节约时间，所以总爱同时做些别的事，如看电视、翻阅杂志等等。殊不知，这样做会使你进食更多。而且不专心品尝食物，身体吸收了热量，却不会产生“饱”的感觉。所以，要想减肥，就要专心进食，将“吃”单纯化，别将它和其他活动连一起。

6. 看体型饮食减肥

肥胖是每一位爱美的女性都不愿看到的。所以，减肥就成了每一位女性毕生的任务。但是，减肥也要“看体型下菜单”，有目的地进行减肥。不分体型的减重瘦身，只会让该瘦的地方没瘦下去，而不该瘦的地方却瘦了下去，仍就看不出身材的曲线。因此，想把自己的身材塑得曲线优美，女性必须认清自己的体型，“因体塑形”，精准地去除“多余”的部分，雕

琢出满意的线条来。

大体算来肥胖型的女性大概有这么几种体型：

最常见的“梨型”　“梨型”是最常见到的一种体型，其特点是下半身臃肿，腹部因脂肪集中像小球，臀部平宽且有浮肉下垂，大小腿肥胖。她们多喜欢甜食，除了三餐外，偶尔吃零食和消夜，饮食中纤维含量较少，最糟糕的是吃完马上就坐下。所以，要想摆脱这种下面胖的“梨型”，就要注重雕塑下半身的曲线，要加速深层脂肪的分解和排毒。

“肉墩墩”的“葫芦型”　“葫芦形”的特点是胸部丰满、腰细、臀部肥厚。听起来，这种体型应是最完美的身材，但是过于肥大的臀部和骨盆，太丰满且下垂的胸部，再加上纤细的腰部，使整个体型显得夸张，而且美感尽失，极像漫画中的人物。“葫芦型”的人进食速度缓慢、食量很大，饮食习惯偏向高油脂的食物。虽然是标准的美食主义者，但让人感觉“肉墩墩”的。对付“胡芦体型”，要强化脂肪分解，缩减臀部、大腿外侧和腋窝周围的尺寸。

腹部肥大的“洋葱型”　“洋葱型”的特点是腹部大又硬，腰身高，胃部以下脂肪厚且集中，整体看犹如一颗洋葱。这种体型以办公室人员居多，无形中就“坐大”了身体的中部。吃得快，饭量大，经常过度集中进食是她们的饮食习惯。消除“洋葱型”，就要着重脂肪分解燃烧，缩腹减腰，修饰大腿内外侧。此外，还须安抚精神紧张，进而放松紧绷的肌肉。

“全面发展”的“圆球型”　前面几种都是局部肥胖，而“圆球型”则集前面几种体型之大成，是典型的“全面肥胖型”。“全面肥胖型”骨架大，全身粗壮，手臂和大小腿均有浮肉，体型凹凸不平，从任何一个角度看起来都像个圆球。在饮食上她们偏重高热量食品，饭量大，有暴饮暴食的不良习惯。这种体型的人，代谢机能差，活动量少，血液和淋巴循环不佳。所以，要加速热量消耗，全面性修饰周身曲线，重现活力。

肌肉松弛的“木瓜型”　“木瓜型”肥胖的特点是手臂及下腹部松弛下垂，肌肉弹性差，妊娠纹和肥胖纹横布全身，松垮的浮肉如同一个熟透的大木瓜。“木瓜型”多见于产后的女性以及中年的女性，主要是由于三餐不定时，晚餐过量，摄取油脂多，饮水少造成的。要强化弹性组织、结缔组织支撑力，先减轻体重，加强代谢，再修饰全身曲线，这样才能够改变肌肉松弛的形象。

女性只要认准自己的体型，有针对性地进行饮食和锻炼，就会塑造出完美的体型来。

7. 减脂食物 越吃越瘦

有些人为了能够减肥，节食的意志非常坚决，宁愿饿肚子，也要苗条美丽。可是，令人郁闷的是，一直饿到手脚发抖、眼冒金星，可是测脂仪检测结果发现，体内脂肪重量没少，反倒是维持人体正常新陈代谢机能的水分及肌肉组织变少了。

这到底是怎么回事呢？答案可能就在你所挑选的食物上。减肥酌食物决定减肥的成败，有些食物是你减肥的好帮手，而有些则会给减肥“帮倒忙”。如何挑选食物是很有秘诀的。如果你懂得运用食物金字塔，就会事半功倍。

其实，有许多天然的瘦身食品，可以让你在享受口福的时候，又不用顾及食量，自然收到瘦身的效果。

香蕉 香蕉中脂肪含量很低，而且还含有很丰富的钾。食用香蕉即可以填饱肚子，又不会造成脂肪的堆积，是瘦身的理想食品。

西红柿 西红柿含有丰富的矿物质，还能够利尿，减少水分，补充人体的营养，对于瘦身一族来说，也是理想的食品。

苹果 苹果之所以是很好的瘦身食品，是因为其中含有独特的苹果酸，这种苹果酸能够加速新陈代谢，减少脂肪的堆积。苹果中还含有果胶、纤维素和维生素 C，有很好的降脂作用。而且苹果中所含的钙质比其他的水果丰富，可以减少人体盐分，对于瘦身很有帮助。

芹菜 芹菜中含有丰富的钾盐，能够减少身体多余的水分积聚。而且还含有大量的钙质，能够补充骨骼所需。芹菜含有维生素 A 及维生素 C，但大部分为水分及纤维素，所以热量很低，吃多了不怕胖。

西瓜 西瓜含糖量不高，有利尿的效果，多吃可以减少留在身体内的水分，多吃也不会发胖。

菠菜 菠菜含有丰富的膳食纤维，能够促进新陈代谢，加快排泄，有

利于瘦身。而且还可以促进血液循环，美白肌肤。

茄子 茄子中含有丰富的维生素A、维生素B、维生素C等，同时还能够抑制身体吸收脂肪，是一种既美味又健康的食物。

香菇 香菇能够明显降低血清胆固醇、甘油三酯以及低密度脂蛋白水平，经常食用可以使身体内高密度脂蛋白有相对增加的趋势。香菇含有30多种酶和18种氨基酸，其中人体必需的8种氨基酸，就含了7种。所含核酸物质，可以抑制胆固醇的增加，所以能有助于减肥。

燕麦 燕麦一直是公认的健康食品，热量很低，还含有丰富的维生素B、维生素E以及铁等矿物质，能够帮助消化，是理想的瘦身食品。

蛋类 蛋类是瘦身的理想食品。因为蛋类中所含的维生素B能够抑制脂肪堆积，所含的烟碱酸与维生素B，可以去除身体内的脂肪。但是，食用蛋类一天不要超过2个。

鸡肉 鸡肉和其他肉类相比，鸡肉可以说是瘦身最佳的肉类，它含有的热量最低。鸡肉去皮食用，热量更低。鸡肉含有的脂肪比牛肉和猪肉的还要低。所以，要瘦身可以多食用鸡肉。

冬瓜 冬瓜含有丰富的蛋白质、粗纤维、钙、磷、铁、胡萝卜素等等。内含丙醇二酸，可阻止体内脂肪堆积。冬瓜不含脂肪而含钠盐，有利尿去湿之功。肥胖的人大多体内积有较多水分，肌肉软弱不实，民间常用冬瓜煮汤饮服，减肥效果明显。冬季用冬瓜皮30g水煎取汁饮服，也可减肥。

黄瓜 黄瓜含有一种可抑制糖类转化为脂肪的丙醇二酸，肥胖的人常吃黄瓜有减肥之效。黄瓜还含有较多的细纤维，可促进胃肠蠕动，增加排便，并可降低胆固醇的吸收。

魔芋 魔芋除含有多种营养物质外，还含一种其他植物少有的特殊物质——甘露聚糖。该糖有高膨胀、高弹性、高黏度的特性。魔芋及其加工品，不但能吸收胃液，降低食欲，而且还能产生饱腹感。医学研究表明，魔芋对降低胆固醇、甘油三酯、血糖等有特别功效，是比较理想的减肥食物。

食醋 食醋中含有多种氨基酸，不仅可以消除体内的脂肪，而且还可以促进糖和蛋白质的新陈代谢顺利进行。有关资料表明，每天饮用10～

15ml食醋，一个月内可使体重减轻2～4kg。醋具酸性，可软化血管，清除血脂，对高血压、动脉硬化、冠心病、肥胖者均有益处。

马铃薯 马铃薯的脂肪含量仅为0.1%，是目前所有充饥食物中脂肪含量最低的。肥胖主要是体内脂肪过多所致，每天吃马铃薯可以减少脂肪的摄入，使多余的脂肪逐渐代谢出去，从而达到减肥之效。

白萝卜 白萝卜含有辛辣成分芥子油，促进脂肪新陈代谢，可避免脂肪在皮下堆积。

8. 边享口福边享“瘦”

每个人都希望能够安全瘦身，都希望在安全、有效、无痛苦的减肥方法中恢复苗条迷人的身材。但是，纤体瘦身切记不可盲目，要纤体，更要健康。实践证明，合理进行饮食，是行之有效的减肥手段之一，而且易被人们所接受。能够让肥胖者在美味的享受中，不知不觉地达到了减肥的目的。

饮食减肥，不用节食，无需改变饮食习惯，没有什么痛苦与副作用。但效果缓慢，因此，要持之以恒，方能收到良好的效果。现举减肥食谱数例，以供读者选用或参考。

山药萝卜汤

原料 山药150g，白萝卜250g，葱、姜、蒜、料酒、海米、牛奶、精盐、味精、香油各适量。

做法 将山药去皮洗净切块，白萝卜洗净切细丝，用沸水焯一下。炒锅烧热放油，放葱姜炒香，加入料酒、清汤、白萝卜丝、山药和海米，烧沸后放入牛奶、精盐、味精，淋入香油即成。

功效 本汤汁色泽乳白、鲜香可口，有补虚益胃的作用。白萝卜中含纤维素较多，山药则能使人增加饱腹感，摄入热量不会增加，有一定的瘦身作用。

冬瓜赤豆鱼头汤

原料 赤小豆20g，冬瓜200g，鱼头1个，酱油、盐、味精、料酒、葱、姜、蒜、香油各适量。

做法　将赤小豆用水泡软，冬瓜去皮洗净切块。鱼头洗净后放入沸水中略烫捞出。将赤小豆加清水煮熟，然后放入鱼头、盐、料酒、冬瓜等，烧沸约15分钟后，加入酱油、味精，撒入蒜、葱、姜末，淋人香油即可。

功效　有利尿、降血脂的功效，可以起到瘦身的作用。

红烧冬瓜

原料　冬瓜500g，面酱、酱油、清汤、湿淀粉、葱姜末，味精、植物油各适量。

做法　将冬瓜去皮洗净，切成长3cm、宽2cm、厚1cm的片块。炒勺内加适量植物油，烧至四成热时，加葱姜末、面酱炒散，然后加入冬瓜、酱油、清汤，用小火烧至冬瓜软烂时，加入味精，用湿淀粉勾芡，盛盘即可。

功效　具有良好的减肥功效。

山楂海带丝

原料　水发海带250g，鲜山楂100g，白砂糖、葱、姜、料酒各适量。

做法　洗净海带放入锅中，加葱、姜、料酒、清水，先用旺火烧沸，再用小火炖烂，捞出切成细丝，山楂去核，也切成丝。然后，海带丝加白糖拌均匀，装入盘内，撒上山楂丝，再撒上一层白糖即可。

功效　海带性寒，常食使人消瘦；山楂有消积、醒脑、防暑、增进食欲等作用。故此菜具有清热止咳、散结利水、消食化积等功能，常食有轻身健体之功效。

桃仁鸡丁

原料　鸡胸肉1块，小黄瓜2条，大葱1颗、核桃仁100g，枸杞子15g，蛋白半个，盐、太白粉、酒、酱油、盐、胡椒粉各适量。

做法　将鸡胸肉切丁，用调味料腌渍数分钟。黄瓜切滚刀块，核桃仁过一道油，待凉备用。用少许油把鸡肉在炒锅中炒一下，八分熟时，放入小黄瓜炒熟。然后放入核桃仁、枸杞子以及调味料，拌匀即可。

功效　本菜滋阴补血、活血。黄瓜可以起到减肥的功效，比较适合阴虚、肥胖体质的女性食用。

薏仁鸡条

原料　鸡腿2只，薏仁米200g，酒、酱油、胡椒粉、糖、盐各适量。

做法　将鸡腿洗净擦干，抹上酱油，放入油中过一道上色后捞出。将薏仁米洗净泡开。将鸡腿、薏仁米、调味料入锅中，小火烧半个小时后，捞出鸡腿去骨切条，排入盘中，再将薏仁米烧至汤稍干时盛出，淋在鸡条上即可。

功效　薏苡仁具有很好的减肥效果，常食用此菜，在减肥的同时还可以美肤。

让胸口"挺"得更高

1. 吃出美丽乳房

现代的女性越来越追求形体美，乳房健美更是人人羡慕的，一句"做女人挺好"的广告语让无数的女性心里痒痒的。

女性健美的重要标志之一，就在于健美的乳房耸起所形成的外部体形曲线美。有些女性甚至为能有一对坚挺的乳房而不惜一切代价，热衷通过人工手段让乳房更大、更美。但这种违反自然的美并不是"真正"的美。爱美之心，人人有之，更何况是天性爱美的女性。但是乳房跟眼睛、鼻子、耳朵一样是种生命器官，有它自己的功能和作用，是身体不可分割的一部分，健康最重要，自然才最美。

那么，怎样才能"挺"胸做女人呢？这要从乳房的构造说起。乳房是富有脂肪的腺体组织，大约有20个腺体组成。乳腺之间是结缔组织和脂肪，将每一个乳腺体隔成很多的小房。每一个乳腺之间由导管和腺泡组成。腺泡是分泌乳汁的部分，多在妊娠期发育完全。导管的总开口在乳头，每一个乳头约有15个导管小孔。整个乳房由一层脂肪包裹。所以，乳房才充实而富有弹性。

乳房的大小以及丰满程度，与遗传、保养等因素有关，其中又以营养素的摄入、雌激素的刺激关系更为密切。这一点已为现代医学研究所证实。

一般来说，乳房的大小和体态胖瘦基本相称。胖者的乳房中脂肪积聚较多，所以乳房大些；体瘦的人，乳房中脂肪积聚也相应减少，乳房就会小些。对于乳房瘦小或大小不均者，除了注意睡姿、按摩运动并辅以药物治疗外，采用饮食疗法不失为一大捷径。

乳房靠吃能长大吗？回答是肯定的。除其遗传因素为最大因素外，均衡摄取营养是拥有一对丰挺乳房的基础。发育成熟的乳房，脂肪占 2/3，腺体占 1/3，所以，脂肪的多少是决定乳房大小的关键。乳房的大小取决于乳腺组织与脂肪的数量。年龄在 20～25 岁的女性，是乳房发育的最佳时期。因此，适度地增加胸部的脂肪量，是提高丰挺度的最自然、健康的方法。所以，均衡正确的饮食是女性美丽胸部的基本条件。

乳房的发育和丰满是由于卵巢雌激素的分泌刺激乳房纤维结缔组织，同时，乳房纤维结缔组织对雌激素的刺激敏感，才发生作用的。所以，要达到乳房丰满的目的，女性要多吃富含维生素 E 的食品，如卷心菜、花菜、葵花籽油、玉米油和菜子油等。

维生素 B 族也有助于激素合成，它存在于粗粮、豆类、牛乳、牛肉等食物中。因为内分泌激素在乳房发育和维持过程中起着重要的作用，雌性激素使乳腺管日益增长，黄体酮使乳腺管不断分支，形成乳腺小管。此外，蹄筋类的食物包括猪蹄、凤爪等带筋的肉食是强化乳房结缔组织筋膜的佳品。

因过于消瘦导致胸部扁平的女性，可以多吃高热量食品，比如牛奶、豆浆、蛋类等，这些食物可以促进乳房中脂肪组织的增加，使瘦弱的变体变得丰满。同时，乳房中也由于脂肪的积蓄而变得丰满而富有弹性。

要想使美丽的乳房挺起来，还要注意多吃以下几种食品：

1. **吃植物性脂肪**　避免过多动物性脂肪，改用花生油、大豆油、芝麻油、葵花籽油等烹调食物。

2. **富蛋白质**　蛋白质是构成乳房细胞的重要元素，配合其他矿物质、碳水化合物、维生素才能促进荷尔蒙分泌。建议动物、植物性蛋白质都要摄取。动物性蛋白质高的食物主要有鱼、鸡、蛋、猪肝、牛奶等，植物性蛋白质高的食物主要有豆类、谷类。

3. **其他丰胸食物**　水果中的木瓜可以促进乳腺分泌，健康药品常见的蜂王浆含有十几种维生素和荷尔蒙，对荷尔蒙不足造成胸发育不良者，是

天然的选择。

除了营养之外，乳房是附着在胸大肌上的，所以，女性要想丰胸，还需要多做扩胸运动，哑铃和俯卧撑都可以加速血流量，增加胸大肌，使乳房变得丰满。

2. 让胸前“伟大”的食物

要想要拥有傲人的胸围，除了运动之外，饮食可以说是最有效的丰胸方法了。一些美食在让女性大饱口福的时候，也能够促进乳腺分泌，轻松“挺拔”。下面就为大家推荐几种最好的丰胸食品：

莴笋 莴笋是传统的丰胸蔬菜，与山药、鸡肝一起食用，能调养气血、促进乳房部位的营养供应，还能改善皮肤的滋润感和色泽。

木瓜 木瓜是最佳的丰胸食品，木瓜含木瓜酵素，这些木瓜酵素不仅可分解蛋白质、糖类，更可通过分解脂肪去除赘肉。其中含量丰富的木瓜酵素和维生素 A 能刺激女性荷尔蒙分泌，有助丰胸，木瓜酵素还可分解蛋白质，促进身体对蛋白质的吸收，搭配肉类食用，效果最佳。

核桃 核桃中富含维生素 E 和锌，尤其富含亚麻酸，可以延缓乳房衰老。此外，蛋白质、矿物质、B 族维生素也很丰富，是美容美发润肤的佳品。

豆类 黄豆、青豆和黑豆都是有名的丰胸食品，不仅富含蛋白质、卵磷脂等物质，而且还含有“植物雌激素”——异黄酮类物质，能够有效地提高体内雌激素水平，从而达到丰胸的效果。

酒酿 酒酿是具有悠久历史的丰胸食品，其中发酵产生的酶类、活性物质和 B 族维生素有利于乳腺发育。酒酿中还含有能促进女性胸部细胞丰满的天然荷尔蒙，其酒精成分也有助于改善胸部血液循环。

鹌鹑蛋 鹌鹑蛋富含蛋白质、B 族维生素和维生素 A、维生素 E 等，蛋黄中的胆固醇对乳房发育更有利。

花生 花生富含维生素 E，能促使卵巢发育和完善，促进乳腺管增长，使乳房增大。

猕猴桃 猕猴桃甜美多汁，又含有丰富维生素 C 的特色，果胶、果酸等成为最受欢迎的美容和塑身水果。猕猴桃还能防止便秘、帮助消化和美化肌肤。

猪蹄 猪蹄富含胶质，不但可以强筋健骨，还可以柔润肠胃，多摄取，也能让皮肤细嫩有光泽，配合花生炖汤，更可以达到丰胸的效果。

蜂王浆 蜂王浆具有刺激荷尔蒙的功效，连续服用，具有丰胸的效果。

枸杞子 枸杞子能够滋阴养血疏肝、滋肾补气、补虚强骨，而且还能够养血生血，使人血气旺盛、体态丰满。

3. 食补“挺胸”

饮食是丰胸最为有效的手段，可以一边享受美食，一边使自己更加的昂首“挺”胸，一举两得，赶快行动吧！

花生枣芪粥

原料 花生100g，去核红枣100g，黄芪20g。

做法 将花生、红枣、黄芪洗净，一起熬成粥，经期后连食7天。

功效 据说这是一道传自清宫的御用药膳，是太医特别为慈禧太后研制的丰胸秘方。

木瓜炖排骨

原料 木瓜1个，排骨500g，葱、姜、料酒、精盐各适量。

做法 将木瓜去皮、去籽、切块，排骨切块，用热水烫一下去腥。等锅中水煮沸，将排骨、木瓜、葱、姜、料酒放入，用小火炖煮3小时，撒入精盐调味食用。

功效 木瓜是丰胸佳品，排骨最富有营养，所以，此品对于丰胸有良效。

黄芪虾仁汤

原料 黄芪30g，虾仁100g，当归15g，枸杞子15g。

做法 将当归、黄芪、枸杞子洗净放入锅中，加清水适量，上文火煮至10分钟，再加入虾仁同煮15～20分钟即可。

功效 本品能够调补气血。适用于气血虚弱所致的乳房干瘪者。

玉女补乳酥

原料　花生100g，红枣去籽100g，黄豆100g。

做法　花生及黄豆连皮烘干后，磨成粉，红枣切碎，充分拌匀，加少许水使其成形。将其揉成小球后，再压成小圆形状（大小可自行决定）。烤箱预热10分钟，再以摄氏150℃烘烤15分钟。

功效　花生、红枣以及黄豆都是丰胸的佳品，所以，此方可以有效地丰胸。

猪尾莲子红枣汤

原料　猪尾1条，红枣8个，莲子100g，葱、姜、蒜、料酒各适量。

做法　将猪尾在沸水中烫一下去腥，加水和葱、姜、料酒少许，熬成约1500ml的汤汁；加入红枣、莲子，小火再煮30分钟，酌加调料后随意食用。

功效　丰胸通乳。

对虾通草丝瓜汤

原料　对虾2只，通草6g，丝瓜络10g，葱段、姜丝、盐各适量。

做法　将对虾、通草以及丝瓜放入锅加水煮汤，人葱段、姜丝、盐各少许，将熟时，加食油适量烧沸即成。

功效　此三物都有隆胸通乳之功，合用效果更佳。

淡菜苁蓉东菊蛋

原料　苁蓉、东菊、淡菜各10g，鸭蛋2个。

做法　将上述原料共煮，待蛋熟时敲开一头再煮，弃药食蛋，一日1次。

功效　淡菜、苁蓉均是丰胸佳品，合用则更能够收到奇效。

河虾炒鸡蛋

原料　河虾50g，鸡蛋2个，料酒、葱、姜、味精各适量。

做法　先将河虾洗净，剪去须，人油锅略炒，呈红色时，打入蛋液炒熟，放入料酒、葱、姜及味精略炒即可。

功效　河虾是丰胸的佳品，和鸡蛋合用，效果更佳。

花生炖猪蹄

原料　花生200克，猪蹄1个，盐适量。

做法　将猪蹄切半并入水氽烫，再捞起洗净；和花生一起人锅，加水适量，以大火煮沸，再转小火炖 1 小时，加入盐调味即可食用。

功效　花生脂肪含量高，猪蹄富含胶质，都有促进胸部发育的效果。

大建中丰胸汤

原料　饴糖 60g，干姜 15g，党参 6g，蜀椒 9g。

做法　将干姜、党参、蜀椒加 4 碗水，用小火煮 30 分钟，去渣，用饴糖调至顺口的味道即可食用。

功效　丰胸健肤、增胖丰体、补气血不足。

人参莲子汤

原料　人参 5g，莲子 20g，冰糖 10g。

做法　将人参和莲子一起炖 1～2 个小时，然后放入冰糖即可食用。

功效　能够使乳房丰满，适用于体型偏瘦的女性。

做一个“美腿公主”

1. 美腿源自美食

女性都想拥有一双纤纤玉腿，像T型台上的模特一样，潇洒自如地在众目睽睽之下，扭动着纤细的腰肢，迈开修长的双腿去“度量”百味的人生，挥洒青春的朝气，书写黄昏的童话……

可以说，拥有一双美腿是每位年轻女性的梦想，因为腿几乎占了身体比例的一半。健美的双腿，比起身体其他部位，更能显出女性的线条美。拥有一双修长洁白的玉腿，会为自己的形象加分不少。拥有百分百的修长美腿，那就是大街上的一道最亮丽的风景。

为了让双腿修长美丽，方法有很多，可以跑步、节食、跳舞，甚至抽脂减肥……其实，这些只是美腿方法的一部分，并非全部。营养饮食对美腿是很重要的，少了营养，一双瘦腿只能说是骨瘦嶙峋，毫无美感可言。所以说如果你会吃，那么拥有一双令人羡慕的美腿就像吃饭一样简单。那么，想要拥有一双修长的玉腿，应该怎样吃才有效果呢？

拒绝高脂肪食物　腿部之所以线条不好看，就是因为脂肪堆积的缘故。无论脂肪或热量有多高的食物都照吃，脂肪自然不断在身上堆积，腿越来越粗大。所以，女性要美腿，千万不能“饥不择食”，要合理地饮食，拒绝高脂肪高热量的食物，避免长出臃肿的双腿。

多摄入钙质　想要拥有笔直、匀称的美腿，就要多摄入钙质含量高的食品。如果骨骼中的钙质失去平衡，会造成肌肉痉挛、血液不宜凝结等现象。食物中的蛋白质和维生素D能够增加钙质的吸收。要想美腿，就要多食富含蛋白质以及维生素D的笋干、小鱼干以及牛奶等。

多吃促进血液循环的食物 如果新鲜的血液和养分无法送达整个腿部，就会引起肿胀，美丽自然会大打折扣。所以，要想腿部迷人，就要让血液循环通畅。可以多食用一些温热食品，以促进血液循环，这样就能够使腿部有充足的营养，达到美腿的效果。

多摄取维生素丰富的食物 腿部脂肪一旦积存下来就不容易减掉，加强脂肪以及糖分的代谢对于腿部来说就显得很重要。维生素B_1能够将体内多余的脂肪转化为能量，维生素B_2则可以促进脂肪的新陈代谢。如果维生素B族摄取不足，就会导致腿部脂肪堆积。

另外，维生素E能够促进血液循环，还可以预防身体酸化、恢复细胞功能，使瘦腿后的肌肤不至于松懈，产生皱纹。

2. 美腿食物

美腿来自于饮食。五谷杂粮中有许多唾手可得的食物，含有大量美丽双腿所需的营养素。这些食物不但便宜，又随处可见，每种都含有让双腿呈现迷人丰采的营养成分。如果在日常饮食多食用这些食物，那么拥有一双美腿就是一件很轻松的事情了。

菠菜 菠菜可以促进血液循环，将新鲜的养分和氧气送到双腿，使距离心脏最远的腿部恢复元气，能够使腿部肌肤避免干燥、皱纹的出现。

海苔 海苔里含有丰富的维生素A、维生素B_1、维生素B_2，还有矿物质和纤维素，对调节体液的平衡有很重要的作用，想要纤细玉腿应该多食用。

芹菜 芹菜含有大量的胶质性碳、钙，容易被人体吸收，是补充笔直双腿所需的钙质。芹菜对心脏很有帮助，含有丰富的钾，可预防下半身浮肿的现象。芹菜还含有大量的钙质，可以补“脚骨力”。

花生 花生有“维生素B_2国王”的雅称，富含维生素B_2、烟碱酸，一方面带来优质蛋白，含量极高，美腿效果很好。同时，它也是蛋白质不足造成的肝脏病的健康食物，亦可以消减下身脂肪肥肉。

西瓜 西瓜性寒，它是生果中的利尿专家，有清热解毒和很强的利尿

作用，常吃西瓜可以帮助你排出体内多余的水分，而且本身的糖分也不高，可减少浮肿现象，改善体形，多吃也不会增肥。

芦笋 芦笋是含有丰富的营养成分的健身食品，经常食用可以防止动脉硬化、高血脂等现象的产生，同时，芦笋中所含的纤维素也有助于排毒养颜，使腿部更健美。

蛋类 蛋类里含有丰富的维生素，维生素A能够给双腿带来滑嫩嫩的肌肤，而维生素B_2则会消除脂肪。其他的磷、铁、维生素B_1以及烟酸等，都能够很好地消除下半身的脂肪。

紫菜 紫菜除了含有丰富的维生素A、维生素B_1、维生素B_2，最重要的就是它蕴含丰富纤维素及矿物质，可以帮助排走身体内的废物及积聚的水分，从而起到瘦腿的效果。

红豆 红豆所含的石碱酸成分可以增加大肠的蠕动，促进排尿及减少便秘，从而清除下身脂肪。另外有丰富的纤维素，可以迅速帮助排泄体内盐分、脂肪等废物，对美腿是有百利无一害的好食物。

猕猴桃 猕猴桃除了维生素C含量高是它的强项外，其纤维含量也十分丰富，可以增加分解脂肪的速度，避免腿部积聚过多的脂肪。

西红柿 吃新鲜的西红柿可以利尿及去除腿部酸痛，减少水肿的问题，如果是生吃的话，效果就更好。

3. 美腿从饮食开始

冬瓜发菜美腿汤

原料 带皮冬瓜1000g，发菜100g，薏仁100g，瘦猪肉500g，油、盐各适量。

做法 将猪肉洗干净，切成块，将发菜用一碗水加两滴油浸泡30分钟后，把杂质清洗干净，将冬瓜连皮切块，薏仁洗干净备用。把水煮沸，放带皮冬瓜、瘦肉、薏仁，大火煮10分钟后，转文火煮2小时。最后，放入发菜，再煮15分钟，加盐调味即可饮用。

功效 本品能够去湿利水、消滞清肠、消除腿部肥肿，尤其适合腿部肿胀者食用。

菠菜扒羊肉

原料　新鲜羊腿1只，菠菜、红酒、姜、葱、盐各适量。

做法　把羊腿肉用红酒、姜、葱、盐腌过之后，用文火煎上几分钟，装在铺着一层煮过的菠菜的盘子上，再浇上新鲜榨出的菠菜汁即可。

功效　新鲜的菠菜汁，营养全都保留着。羊腿肉鲜嫩、菠菜爽脆，多吃此菜可以使血液循环得更畅通，将新鲜的养分和氧气送到双腿，恢复腿部元气，还可防止腿部肌肤干燥。

香椿炒鸡蛋

原料　香椿芽儿50g，鸡蛋2个，盐少许。

做法　将香椿叶芽儿切碎，加盐腌一下，和鸡蛋一起炒即可。

功效　鸡蛋里含丰富维生素A、B_2，维生素A能够使肌肤滑嫩，维生素B_2则可消除腿部脂肪。

健身瘦体汤粥

原料　猪肝150g，鲜菊花5朵或干菊花10朵，姜1片，菠菜或其他蔬菜，米酒、盐、鲜味露各适量。

做法　将猪肝切薄片，洗净。用清水一小碗加两汤匙米酒，放入切好薄片的猪肝泡10分钟。鲜菊花摘取花瓣，洗净备用。把适量的水煮滚，放入姜片与鲜菊花瓣煮15分钟，再放入猪肝、菠菜，小火煮至猪肝熟，加盐或加鲜味露几滴即可食用。

功效　鲜菊花能够清热，猪肝能够去除脂肪，两者合用，对于美腿有很好的效果。

咸味红薯饭

原料　红薯250g，肉丝100g，香菇3朵，米50g，虾米、葱、姜、油各适量。

做法　将米洗净，沥干水分。肉丝加调料腌一下，虾米泡软，香菇泡软切丁，红薯去皮切成块。起油锅，先爆香葱、姜、虾米再加入肉丝炒香，然后放入红薯炒一下，再加入米同炒，同时加入盐、味精拌炒均匀。将炒香的饭与菜盛入电锅之内锅中，加入适量的水再将饭蒸熟即成。

蛋清炒黄瓜

原料　黄瓜200g，蛋清50g，精盐3g，味精1g，油少许。

做法　将蛋清加入精盐打散，黄瓜清洗干净，去皮切厚片。下油烧至三四成热，倒入蛋清，变硬结块时放入黄瓜炒片刻后放入味精，装盘即成。

功效　黄瓜含水量高，而且富含纤维素，有促进肠蠕动、通利大便和排泄肠内毒素的作用，所以能够减肥瘦腿。

翘臀魅力不可缺少

1. 翘臀饮食经

有人说，臀部是女性的另一张脸，这话一点不假。所以，更有人说，一个男人在他小时候，他会欣赏女性的容貌；在他懂事的时候，他会欣赏女性的胸部；在他真正成熟的时候，他会欣赏女性的臀部。由此可见女性臀部的魅力。

臀部曲线是构成全身完美曲线的重要部分。如果你的臀部丰挺、结实，就自然地会彰显出腰肢纤细的阴柔美，也会为腿部增加明显的修长效果。臀部的圆翘，自然会带动身材曲线的窈窕。

一个美丽的小翘臀，臀部必须紧实浑圆，整个臀部的大小要均衡，必须与身体比例配合，而且要前凸后翘，这是评定美臀的重要条件。在走路和转身时，臀部要有一点上翘，看起来就非常好看，还要白皙、细腻、有光泽、弹性好。

如果女性的臀部松垮无弹性，那么腰部以下则会美感尽失，下半身的比例也会给人一种失去平衡的视觉感。所以，千万别让臀部的骨牌效应拖垮了你的整个身材曲线。

如果臀部下垂，无疑是最为难看的。而真正造成臀部下垂的最重要因素，就是日常生活中不合理的饮食。要知道，若摄取了过多的动物性脂肪，就很容易在下半身囤积，进一步造成臀部下垂。既然找到了臀部下垂的原因，就让我们先从一日三餐着手，来塑造完美的翘臀吧。

想让臀部变得结实，避免松弛与下垂，就必须减少摄取动物性脂肪。

食用过多的奶油或乳酪，不仅易使血液倾向酸性，让人易于疲劳，也会让脂肪囤积于下半身，造成臀部下垂。所以，最好以大豆之类的植物性蛋白质，或是热量低且营养丰富的食物为主食。

在蔬菜方面，南瓜、甘薯与芋头这些蔬菜富含纤维素，可以促进胃肠蠕动，减少便秘机率，进而创造纤瘦且健美的下半身。再者，营养素的选择也很重要。许多女性都有上半身纤瘦，下半身臃肿的困扰。此时，她们就得反省日常饮食是否有含钾量不足的缺点。

医学研究表明，足量的钾可以促进细胞新陈代谢，顺利排泄毒素与废物。当钾摄取不足时，细胞代谢会产生障碍，使淋巴循环减慢，细胞排泄废物越来越困难；加上地心引力影响，囤积的水分与废物在下半身累积，自然造成臃肿的臀部与双腿。

解决这个难题有两个要点：减少钠与增加钾的摄取。过量的钠会妨碍钾的吸收。所以，必须少吃太咸与太辣的食物，这些都是钠的来源。至于钾的补充，就要多吃蔬菜、水果，还有粗粮、全麦面包、豆类与花椰菜，这些食物含有大量的钾元素，有助于排除体内多余水分，令你的下半身更窈窕。

2. 塑造翘臀的“食物尖兵”

拥有“水蜜桃”型小翘臀是每位女性的心愿。其实，只要经常食用对于塑造臀部曲线有益的食物，就会拥有漂亮的“翘臀”。

南瓜 南瓜富含纤维素，可以促进胃肠蠕动，减少便秘几率，进而创造纤瘦且健美的臀部。甘薯与芋头等也有此功效。

植物油 玉米油、橄榄油与葵花籽油均含有大量不饱和脂肪酸，用它们代替动物性脂肪能让你兼顾美丽与健康。

鱼类 鱼类不仅热量比肉类低，富含蛋白质、矿物质、维生素等，可以促进新陈代谢与体内脂肪的消耗。

豆腐 豆腐富含蛋白质，价格比肉类低，不含肉类油脂，不会令人发胖。而且豆腐只含豆固醇而不含胆固醇，有助于预防一些心血管系统的疾病。常吃豆腐，可以清除血液内有毒重金属，促进神经、血管的发育。这些都对于保持翘臀很有好处。

蜂蜜 蜂蜜有排毒功效，含糖分、热量很少，而且不是很油腻，可以减肥。对于保持臀部的曲线很有帮助。

水 水可以清除代谢废物，防止肿胀。饮水时最好喝纯净水。那些所谓“碳酸饮料”会使你在不知不觉中饮进不必要的添加物，反而会破坏你的臀部曲线。

3. 提臀美味菜

鲍鱼肉片汤

原料 鲍鱼1只，猪里脊100g，葱、盐各适量。

做法 将鲍鱼切片，猪肉洗净切片，放进炖锅内，另挑葱白部分先加入。将3碗汤汁用大火烧沸后，用小火慢炖约30分钟，加进葱青段，加盐调味，续滚5分钟即可。

功效 补益肝肾，能够保持臀形。

鹿茸杞子炖鸡汤

原料 鹿茸9g，枸杞6g，鸡腿2只，生姜、盐、酒各适量。

做法 将鹿茸和枸杞以清水冲干净，鸡腿洗净剁块，氽烫后捞起再冲净。将所有材料放进炖锅内，加5碗水，锅口以保鲜膜封紧，隔水蒸（或用电饭锅蒸）约1小时。加盐、酒调味即成。

功效 补血强身。能够使臀部结实，线条更诱人。

烧酒鸡

原料 鸡1只，红枣15个，枸杞6g，当归6g，熟地6g，肉桂3g，米酒2瓶。

做法 把鸡放进煮锅内，红枣、枸杞、当归、熟地、肉桂等一并加入，并倒进米酒，先烧沸后，改用文火慢炖，约50分钟即可。

功效 有效进补，对于保持体型有帮助。

成为凹凸美人

1. 打造凹凸有致的身材

外部曲线是每位女性外形美的一个重要方面，这将直接影响到一个人的形体是否美观。完美的形体最直接地体现在路上的回头率，异性的欣赏和同性羡慕的眼光……

凹凸有致的身材是每一位女性的最爱，走在大街上，面对无数的回头注视的目光，发自内心深处的自豪是不可言状的。

要打造凹凸有致的身材，除了经常坚持体育锻炼外，还需要特别注意合理的健康饮食。这不仅会使你拥有理想的好身材，更会令你浑身充满无限的活力。合理的健康饮食要注意以下几个方面：

荤素搭配　要想健康，最关键的是要平衡膳食，要荤素搭配。适当的素食可以使皮肤光滑，保持毛发柔润，同时也能够保护心脏、控制体重。谷物类食物富含植物蛋白、多糖，在减肥饮食中有诸多益处。以燕麦片、粗加工面粉制品为佳。蔬菜中则含有各种维生素、纤维素和矿物质，是人体必需的营养。而摄取肉类、禽类、蛋类、奶类等，能够保证蛋白质以及各种营养素的平衡。

选择饮食　在饮食中，欲望和需求应达到一致。不可为了减肥而强迫自己不吃某种食物，更不可饥不择食，以免造成营养过剩。医学专家认为，在正常情况下，体重猛增是无规律、无节制进食产生的不良后果。平时每餐以感觉不撑、快速消化为宜。所以，调整饮食结构，恢复失去的和谐，也是科学减肥的真正目的。

把握好进餐的时间 一定要在真正饥饿的时候才进食，否则就很容易造成摄入热量过多，增加了脂肪的堆积。一日按“早餐吃好、午餐吃饱、晚餐吃少”的原则进食。

注意进餐的顺序 在进食时注意按次序进食，先蛋白质类，后进淀粉类，再喝果汁类。长期坚持，定能保持体形健美。

少时多餐 少吃多餐，一般每3～4小时进食一次，有助避免体内糖分过低。另外，有资料显示，把正常卡路里平均分在一天内多个时间吸取，可把食物卡路里转化成脂肪的比例减至最低，从而保持身材瘦削。医学研究发现，整天不停进食的运动员，其体内脂肪较在晚餐大量进食的运动员为少。对此，科学的解释是，人体一次可处理的食品分量有限。因此，一次过大量进食的话，未能消耗的多余卡路里便会转化为脂肪。

2. 六招打造魔鬼曲线

生活中其实有很多的方法能帮助你保持魔鬼般的身材，只要你愿意，魔鬼身材就离你不远了。你不妨试试以下的六种方法，也许就会有意想不到的效果。

细咬果仁 每250g果仁中大约含170ca热量和14g脂肪，似乎对减肥无益。但研究显示，充满营养的果仁比起乳酪及饼干等低脂食物更能充饥，这些果仁应足够解决饥饿及防止在晚餐时狂吃的冲动。

“辣”走肥肉 辣椒含有辣椒素，能促进新陈代谢，有助燃烧热量和瘦身。研究发现，在进餐时加入一茶匙辣椒酱或辣芥末的人，平均每日可额外多消耗45卡路里的热量。研究员估计，辛辣食物能增加体温，从而加速新陈代谢。

苹果抑制食欲 苹果含有丰富的果胶，是一种能抑制食欲的水溶性纤维。营养专家认为，果胶能减慢消化过程，令饱满的感觉更持久。

吃前嗅香味 进食前，深深吸一口薄荷、柠檬或熏衣草等有浓烈气味的东西，有助于抑制食欲。心理专家说，气味及味道与个人满足感有密切的关系。所以，女性需要关切地留意哪种气味及味道能满足自己，就可以在吃饭前嗅嗅，以抑制食欲。

咀嚼口香糖　据研究发现，咀嚼无糖口香糖能将新陈代谢率提高达 20%，咀嚼口香糖的人比没有咀嚼的人每小时要多消耗 11 卡路里。更有趣的是，如果一个人持续地在一年内每天不停地咀嚼口香糖，可能会减掉 5kg 左右的脂肪。

多吃纤维　壳物类、麦包、椰菜花、水果及豆类等高纤维食品有两种功效：一个是饱腹，另一个是协助食物在肠内蠕动，避免身体吸取部分热量。所以，你须每天进食 13～35g 高纤维食品，这样将可减去约 90 卡路里，相当于半年内减去 5kg 的脂肪。

3. 数字食谱造就完美身材

拥有完美的身材，说是一件很难的事，也的确很难，要坚持运动，还要注意饮食。说不难，也不算太难的事，只要能够从细处着手，从小事做起，坚持下来，就能够保持完美的身材。比如下面这一种别具特色的、适合中国女性健美的“数字食谱”——“从一至七”的饮食模式，只要你能够坚持做到，就会拥有傲人的身材。

“从一至七”饮食模式即每天一个水果，两盘蔬菜，三勺素油，四碗粗饭，五份蛋白质食物，六种调味品，七杯开水、茶水或汤水。

一个水果　每天吃含维生素丰富的新鲜水果至少 1 个，长年坚持，会收到明显的美肤效果。

二盘蔬菜　每天应进食两盘品种多样的蔬菜，不要常吃一种蔬菜。一天中必须有一盘蔬菜是时令新鲜的、深绿颜色的。还要注意避免在加热烹调时对维生素 A、维生素 B_1 等的破坏。每人每天蔬菜的实际摄入量应保持在 400g 左右。

三勺素油　每天的烹调用油限量为 3 勺，而且最好食用素油即植物油，这种不饱和脂肪对光洁皮肤、塑造苗条体形、维护心血管健康大有裨益。

四碗粗饭　每天 4 碗杂粮粗饭能健体养颜。要克服对精加工主食的嗜好，抵制美味可口零食的诱惑。

五份蛋白质食物　每天吃肉 50g，当然最好是瘦肉，鱼 50g（除骨净重）；豆腐或豆制品 200g；蛋 1 个；牛奶或奶粉冲剂 1 杯。这种以低脂肪的植物蛋白质配膳非高脂肪的动物蛋白质，或用植物性蛋白质配膳少量的动物性蛋白质的方法，不仅经济实惠，而且动物脂肪和胆固醇相对减少，被公认为是一种“健美烹饪模式”。

六种少量调味品 酸、甜、苦、辣、咸等主要调味品，作为每天的烹饪佐料不可缺少，它们分别具有使菜看增加美味、提高食欲、减少油腻、解毒杀菌、舒筋活血、保护维生素C、减少水溶性维生素的损失、维持体内渗透压和血液酸碱平衡、保持神经和肌肉对外界刺激和迅速反应能力以及调节生理和美容健身等不同功能。

七杯水 不论是白开水，还是茶水、汤水，每天喝水量不能少于7杯，以补充体液、促进代谢、增进健康。要少喝加糖或带有色素的饮料。

4. 让你凹凸有致的食物

甜瓜 富含胡萝卜素和维生素C，1个小甜瓜所含的胡萝卜素要远远高于1杯橘子汁，所含维生素C也相当于1杯橘子汁，而且只含40kcal热量和不到1g脂肪。

菠萝 2大片约180g的菠萝，既含有纤维，又完全符合专家所推荐的每日维生素C的需要量，同时，它只含有70kcal热量，而且无脂肪。

椰子糖 喜欢甜食的人往往既希望吃甜食，又怕增加脂肪，而椰子糖可以满足你的欲望。食用椰子糖不仅可以品尝到奶油的香味，而且每15g椰子糖只含有60kcal热量和2.5g脂肪，称得上是最棒的糖果类低热、低脂食品。

墨鱼干 1盒50g墨鱼干只含有120kcal热量，并且含有较多的蛋白质和铁，口味也非常好。

金枪鱼 1条金枪鱼含有120kcal热量、2.5g脂肪和2.3g蛋白质。

对虾 胆固醇含量虽比贝类略高些，但饱和脂肪酸却大大低于贝类，100g对虾含有80kcal热量和不到1克的脂肪。

蛋花汤 蛋花汤配上鸡汁汤料，营养丰富。餐前先喝些蛋花汤可以控制胃口。要做低脂肪、低热量的汤，可只用蛋白而不用蛋黄，这样1杯蛋花汤只含90kcal热量和1g脂肪。

5. 美味美体一样都不能少

黑木耳卷心菜

原料　水发黑木耳50g，卷心菜250g，酱油、植物油、味精、麻油、醋、糖、淀粉、盐各适量。

做法　炒锅入油，烧到七成热，放入黑木耳、卷心菜煸炒，加入佐料，烧沸后用点勾芡，加入醋，淋上麻油即可。

功效　补肾髓、通经络、明耳目、健脾胃，能够减肥瘦身，还可以补益身体。

海蜇拌黄瓜

原料　黄瓜500g，海蜇皮100g，香菜、生姜、盐、酱油、醋、味精、香油各适量。

做法　将黄瓜切成细丝，海蜇皮温水泡发，切丝后用温开水略焯一下，捞人凉水中投凉。将佐料同置一碗。将黄瓜丝、海蜇丝分层码入盘中，撒上香菜段、姜丝，浇上佐料，拌匀即可食用。

功效　美肌健肤、可以减肥、塑造身材。同时，还具有降压减脂的作用。

清蒸凤尾菇

原料　凤尾菇500g，精盐、麻油、鲜汤各适量。

做法　将凤尾菇洗净，用手撕开，放在盘子中，加入麻油、精盐、鲜汤，放到笼上清蒸，熟透取出即可。

功效　补中益气、减肥轻身，还能够降压减脂、强身健体。

鲜菇炒豆苗

原料　鲜香菇100g，豌豆苗300g，生姜片、植物油、盐、砂糖各适量。

做法　将鲜香菇切块，将油烧热，放入姜片，先炒香菇，稍时，人香油、盐、砂糖等调味品，趁豌豆苗青而未过熟时起锅，盛入盘中。

功效　去脂减肥、强身健体。

黄瓜拌肉丝

原料　嫩黄瓜500g，熟猪肉丝100g，当归、白糖、醋、精盐、生姜、精制油各适量。

功效　将黄瓜切成粗丝，和熟猪肉一起入盘，加入佐料。将锅烧到八成热时，下入当归片，待出香味时拣出当归片，将油倒人黄瓜丝、猪肉丝上拌匀即可。

功效　滋阴润燥、清热利湿，食之不仅可以减肥，还可以使肌肤细嫩、红润。

冻豆腐熬腌菜

原料　冻豆腐50g，腌菜适量。

做法　将腌菜切成丝，用油炒几下，然后放入冻豆腐同烧，加适当的佐料即成。

功效　润肠通便、减肥去脂，对于保持体型效果显著。

丰体，还你曲线美

1. 从瘦骨嶙峋到丰韵性感

“燕瘦”是一种美丽体态，“环肥”同样是一种美丽的极致。当满大街都是“骨感美人”时候，丰满同样是一种让人心动的美丽。

让瘦弱的身材变得健康而丰满是瘦弱女性的美体目的。体型消瘦的人要想健壮起来，消除皮肤皱褶，改变肌肉纤弱的形象，变得丰满而匀称、结实而健美，关键是在日常的饮食中讲究科学，要求膳食中所含的营养素种类齐全、数量充足、比例适当；不含有对人体有害的物质；食品易于消化，能增进食欲；摄入的能量大于消耗的能量。

但是很多人误认为多吃就能变得丰满起来，于是盲目地大量进食，这是十分错误的。许多女性不但没有“丰韵起来”，反而因为“吃得太多”而导致胃肠疾病。身体的体重当摄取的热量没有办法超过需要的热量时，体形自然无法保持。当然，吃不胖有许多的原因，生理因素包括：疾病、肠胃功能、药物、心理因素，如焦虑、紧张、忧郁等以及不良的及生活习惯。

正确的饮食方法是怎样的呢？营养学专家以及健身教练一致认为，瘦弱女性按照以下饮食方法可助体形健美。

应增加膳食的摄入量　增加体重，就必须向机体提供合成组织所需要的各种营养素，膳食内容应丰富多样，不挑食、不偏食，饭菜要尽量做到美味可口。在摄入足够蛋白质的情况下，宜多进食一些含脂肪、碳水化合物（即淀粉、糖类等）较丰富的食物。这样，多余的能量就可以转化为脂肪储存于皮下，使瘦弱者丰满起来。

食品种类丰富多样 品种多样，才能保证营养素齐全。《黄帝内经》中对此已有非常科学的认识，明确指出“五谷为养，五果为助，五畜为益，五菜为充”，阐明了“谷肉果菜”各自的营养作用。这是我们祖先饮食经验的总结，是符合现代营养科学的。要知道，我们人体需要几十种营养素，任何一种食物都不能单独满足这种需要，因此食物单一就会造成营养不良。

食物分配要合理 瘦弱女性丰腴健美理想的饮食结构百分比为，蛋白质占总量的15%～18%，脂肪占总量的20%～30%，碳水化合物占总量的55%～60%。实验证明，瘦弱女性每日采用4～5餐较为合适。早餐应占全天总热能的25%～30%，午餐应占全天总热能的30%～35%，晚餐应占全天总热能的25%～30%，加餐应占全天总热能的5%～10%。此外，食物的烹调加工也要讲究科学。

食品粗细搭配 有的人以为食品越精越好，于是米要精米、面要精面、菜要嫩心。岂不知许多谷物加工越精细，营养损失越多。科学分析证明，稻、麦类作物中的维生素矿物质主要含在皮壳中。精白面中蛋白质的含量同麦粒和稻谷的营养素比较也是如此。在蔬菜中，叶子和根含的营养素往往比较丰富，但有的人只挑嫩心吃，而丢掉根叶，这样既浪费，又不利于身体健美。

注意食物的色香味 烹调加工时尽可能讲究方法。平时要尽量少吃油炸、煎炒和辛辣、酸、冷等不易消化吸收的食物，尤其是芳香、燥热、辛辣之品，如柠檬、酸梅、辣椒、泡菜、姜、蒜、葱以及虾、蟹等助火散气的食物，则更应尽量少吃或不吃。

享受零食的快乐 除了正规的用餐，瘦弱女性还可适量地吃些零食，享受零食带来的快乐。平时不妨在伸手可及的地方放一些含有一定热量的零食，如饼干、果冻、绿豆糕、肉肠面包、全脂奶粉、巧克力等，想吃就吃。吃时佐以橙、橘等水果，并在全脂奶粉里加入果汁，能辅助身体摄入更多的热量。

夜间进食 夜间摄入一些热量较易被贮存的脂肪，由于睡眠时身体分解脂肪的能力减弱，睡觉前吃些蛋糕、冰淇淋、芝麻酥饼等高脂质的小点

心比白天进食美体效果要好一些。营养学家提醒：夜间进食不宜过多，否则，会增加肠胃负担，不利于健康和安眠，对于丰身美体也无益处。

总之，丰富的营养物质，科学合理的膳食结构与调摄，有助于消瘦者在较短的时间内达到丰腴健美的目的。

2. 饮食丰体的六大忌讳

人的营养不是食物营养充足就可以了，还和人吃饭时候的状态很有关系。不同样的饭菜，有时候就觉得难以下咽，有时候就觉得十分可口。

当人的心情好的时候，营养也就吸收得好；当饮食状态不好的时候，吸收能力就差一些。所以，消瘦者想要变得丰腴健美，就要想办法吃饭时将心情调到最佳状态，这样才能够保证营养的充分吸收。

一般来讲，想要使自己变得丰满一点的人，在吃饭时要注意避免一下的六种忌讳，就会很快丰满起来。

一、忌挑食 爱挑食大概是女性的本能，总是觉得这个菜不好吃，那个饭不顺口，挑挑拣拣，最终也没有吃到什么。挑食不仅是一种不礼貌的行为，更严重的是会影响健康，挑食会造成营养不足，造成胃痛、胃胀、消化不良等胃肠疾病，使自己骨瘦如柴，直接影响身体健康。

二、忌狼吞虎咽 现代社会节奏很快，使许多温文尔雅的女性也学会了狼吞虎咽的进食习惯，一顿饭往往三口两口便风卷残云地“结束战斗”。其实，这种进食方式的隐患很多，会严重地影响食物消化。吃得过快，不能充分咀嚼，唾液也就不能与食物混合均匀，而且由于咀嚼时间短，胃部接到的刺激信号弱，分泌的胃液也会随之较少。同时，食物囫囵吞枣地咽下去，既加重了胃的负担，也容易划破食管，会对健康造成很大的影响，自然会造成身体的消瘦。

三、忌吃过烫、过冷的食物 有些女性热衷于吃“麻辣烫”等热辣食物，而有些女性则热衷于食用雪糕等冷饮。不管是喜欢热还是喜欢冷，这两种习惯对健康均为不利。过烫的食物，会损伤口腔和食管的黏膜，久之易引起食管黏膜的增生。常吃过冷食物，不仅会刺激胃收缩而引起停食，导致胃胀胃痛，还会刺激肠道过快蠕动，引起腹泻。而且，冷食过量还会造成胃肠痉挛，诱发肠胃疾病。身体的消瘦就不可避免。所以，进食时一定不可食用过烫或过凉的食品。

四、忌边吃边喝水 有些女性喜欢在进餐时一面吃饭一面饮水。这也是一种不健康的饮食方式。这样做一方面由于大量饮水稀释了消化液，使食物不能很好的消化，另一方面水填充胃内，会造成一种假饱性腹胀，影响饭量。久而久之，必然会造成热量不足、营养不良。俗话说“汤泡饭，嚼不烂”，也就是这个意思。

五、忌进餐时聊天 进餐是交流的好机会，但是有得，就必有失。进餐时聊天必然影响食欲，造成营养不良，从而影响身体健康，造成身体消瘦。而边吃边说，还容易导致米粒等食物进入气管，导致意外事故。所以，进餐时应该少说多吃，这样才能够充分吸收营养。

六、忌进餐时看书报电视 有些人爱在进餐时读书看报等，觉得这样能够节约时间。这种争分夺秒的精神确实可嘉，但是对于健康却有一定的伤害。进餐时看书报电视时，随着内容的波动，人的情绪也会随之波动。在这种情况下，食物的色香味对有关神经中枢的刺激就被抑制而减弱，从而造成食欲不振、消化液分泌减少、消化能力降低。所以，有边吃边看习惯的人往往在吃饭时感到食不甘味，而饭后又常常觉得胃肠不适、胸闷胀饱。同时，由于大脑活动量增加，减少了进入肠胃的血流量，使肠胃不能很好地消化吸收，自然影响营养的消化吸收。时间一长，人就容易患慢性消化道疾病和营养不良症，自然就会变得“苗条”。所以，要想变得丰满，进餐时就要专心致志，不要看书报电视。

3. 从根入手　增加体重

要想从一个骨瘦如柴的“林黛玉”变成一个身材适中的美丽女性，就要从根本上人手，使自己能够变得丰满。不妨试试以下的六招：

寻找原因对症下药 想成功增肥，首先要了解自己体重过轻的原因，从而对症下药。一般来讲，身体消耗的原因不外乎遗传偏瘦、环境原因或者是消耗过大等。如果家人都偏瘦的话，那就有可能是遗传因素，即使多吃也不会胖。那就只好请你放弃做个“杨贵妃”的念头。而工作压力、进

食环境嘈杂、食物不合口味等，都可能影响胃口，导致进食量不足。消耗过大也会造成身体消瘦，如果是属于此种情况，就要注意消除这些外在因素，注意饭菜的质量和数量，就会丰满起来。

分量不减提升热量　单从一两种食物额外摄取热量并不容易。因此，应尝试在食物分量不变的情况下，仍可以额外摄取热量，例如吃面包时涂花生酱或果酱，汤水加蛋花，奶茶多放糖和奶等等。增加热量应以蛋白质为主，可适量增加优质脂肪。然而，多吃零食如薯片、汽水，不但不能提供维生素和矿物质，大量的脂肪亦容易引致饱滞感，反会弄巧成拙，影响正餐胃口。

少食多餐常备小吃　不少体重过轻的人胃口较小，不能一餐之内进食大量食物。因此，增肥的人应增加进食餐数，以摄取更多热量。除了三顿主餐外，下午、睡前，甚至午餐前，都要进食富含营养的小吃或饮品。没有时间食用零食，可以选择高营养的饮品，如牛奶、豆浆等，代替清水、茶。平常应多贮备一些饼干、面包，另加一杯牛奶或豆浆，保证很快就会让你变得丰满起来。

多饮高蛋白质饮品　牛奶营养丰富，含优质蛋白质，亦提供钙、磷及维生素，增肥人士应每天饮用2杯牛奶。假如不喜欢饮用牛奶，可进食饼干或乳酪。如在牛奶内再加入额外的奶粉，以获得额外的热量。

吃饭宜连汤吃　做菜总是会带出许多菜汤，好多人只是吃菜而对这些菜汤不以为然。其实，好多菜在烹调的时候，营养都会流失到菜汤里，甚至可以说，从某种程度说，菜汤比菜更有营养。所以，吃菜时一定不要忘了喝汤。

注重锻炼助增重　营养对于增重很重要，但是运动也少不了。增加身体的肌肉量，而非纯粹增加身体的脂肪，才是理想的增肥。增加肌肉而非脂肪，体型便更结实健美。单靠增加食量而没有做运动，身体易累积脂肪组织，而非肌肉。因此，开始增肥计划时，应订定一套运动计划，特别多做肌肉锻炼运动，例如举哑铃等，有效令身体肌肉量增加。此外，运动可以舒缓压力、增加食欲，最适合因压力大而影响食欲的人。

4. 丰满的四大关键

体型消瘦的女性想要变得丰满一点，说难也够难的，说容易也挺容易的，关键是找准问题的关键。否则，选择不对，努力白费。只有找对方法做对事，就会取得事半功倍的效果。莽打误撞，又怎么能够丰满起来呢？

变丰满的关键有四点，大家只要能够把握好，就会顺利地使自己拥有曼妙的身材。

注重养胃健脾 中医历来认为："脾胃乃后天之本"。常人尚且如此，体瘦者更应保持胃肠消化吸收功能正常。食欲良好的瘦人，膳食宜定时定量，忌暴饮暴食，以免伤及脾胃这个"后天之本"。否则，"一顿吃伤，十顿喝汤"，增胖欲速则不达。胃口不开者则提倡少吃多餐，食谱多样化，力求烹调有术，色香味俱佳，并适当吃些水果帮助消化。一旦患上感冒、消化不良、腹泻、蛔虫病以及热性病等，须及早治愈。保持"后天之本"脾胃的健康，是瘦人吃胖的关键。此外，莲子、山药、芡实、大枣、柿饼粥等有补脾益胃的良效，食医俱优，味美可口，体质瘦弱者不妨经常搭配进食。

注重增加动物性食品 人体胖瘦的主要奥秘，在于摄入人体内的食物热量是多于或少于新陈代谢所消耗的热量。多者，有剩余热量转化为脂肪积累于皮下、腹部等处，便会发胖；少者，则常因"入不敷出"而使人消瘦。为使瘦弱之躯逐渐地丰满强健起来，饮食调养宜追求高热量、高蛋白、高维生素及适量的脂肪、糖类、矿物质等养分，其中动物蛋白质和动物脂肪应占 2/3 的比例。食谱中应增加肉、鱼、蛋、乳等动物性食品，中医称之为"血肉有情之品"，其补益、增胖之功效较一般植物性食品快，其营养成分如动物蛋白质、动物脂肪等，对人体更具亲和力，更易为人体吸收利用。

注重烹调，宜用蒸、煮、炖 中医认为，身体消瘦的人多属"阴虚火旺"的体质类型，进食辛温燥热的食物易诱发目赤、喉痛、牙龈肿痛、便秘、尿黄、食少等"上火"症状，从而损害健康、降低体重。所以，瘦人要增肥，饮食调理宜偏重滋阴、清热，可常吃些鸭肉、豆腐、甲鱼、田

鸡、黄鳝、鱼胶、香菇、银耳、紫菜、莲藕、苹果、蛋品、牛奶等。减肥力强的浓茶、冬瓜等宜少吃，辛热的烈酒、辣椒等须慎食。对于享有“增肥饮料”、“液体面包”盛誉的啤酒，由于酒精浓度低，营养丰富，可适量饮用。为祛病健身，阴虚火旺体质的体瘦者宜常吃蒸、煮、炖的食物，少食煎、炸、烤的食品，以利于通过滋阴清热的烹饪食法，达到增肥添健的目的。

注重晚餐质量　科学研究发现，晚上是人体内胰岛素分泌最多、血中胰岛素含量最高的时间。因此，晚餐应做得量多质好，多三两道可口的菜肴，有助于体瘦者吃得津津有味。适当多摄入高热量、高蛋白、高脂肪和高糖食物，在胰岛素的作用下，合成脂肪贮聚于皮下，而且糖和蛋白质转化为脂肪的比例最高，易使瘦人之躯渐渐丰腴起来。故传统的“晚餐宜少”，不适合渴望变胖的瘦人。

5. 丰肌食物

猪肉　猪肉有“补肾液，充胃汁，滋肝阴；润肌肤，利二便，止消渴”的作用。《罗氏会约医镜》说猪肉：“其肉气味最佳，能引人多食饮食，长力气，倍精神”。

大豆　大豆味甘、性平，有滋补肝肾、活血补血、丰肌泽肤、清热解毒、调中强身等功效。《图经本草》认为：“久服令人身重”。《本草纲目》也认为：“大豆多食能令人身重”。大豆是一种高蛋白食物，但因不含胆固醇，所以，不会引起血脂升高。其中所含的植物纤维，还可起到抑制机体吸收动物性食物胆固醇的作用。所以，常食大豆，只能使人健壮，体重增加，而不会使人发胖。

巧克力　巧克力含有很高的热量，热量约280cal，一块巧克力的热量相当于一顿正餐的一半热量。所以，经常食用巧克力就会使女性迅速丰满起来。

可乐　可乐是有名的高热量食品，一罐可乐中含有168cal热量。所以，经常饮用可乐能够增肥。

啤酒　啤酒是有名的“液体面包”。啤酒是用麦子酿制而成，含有淀粉质、糖和脂肪。而且啤酒是流质，容易吸收消化。因此，饮啤酒会增肥。同时，在喝啤酒的时候，多食用一些高热量的食物，效果就会更显著。

山药 山药性味甘、平，富含维生素及矿物质，具有补气养阴、止泻涩精、长志安神、悦色润肤等功效。《药品化义》认为山药："能补中益气，温养肌肉，为肺脾两脏要药"。常食山药，可肤白体健，制成甜食可增重。

桃子 桃子味甘、酸，性温，有生津润肠、活血消积、丰肌美肤的作用。《随息居饮食谱》中说桃子："补血活血，生津涤热，令人肥健，好颜色。"桃子因含较高糖分，能使人肥美及改善皮肤弹性，使皮肤红润。

葡萄 葡萄味甘，酸，性平，有滋肾益肝、补血悦颜、强筋健骨、通经活络、补气和中等功效。《神农本草经》中说葡萄："益气倍力，强志，令人肥健。"葡萄含糖量为10%左右，其中葡萄糖能直接被人体吸收，这可能是常食葡萄能令人肥健的原因。此外，它所含的果酸有帮助消化的作用，能健脾和胃。

红枣 红枣味甘，性平，有补中益气、养胃健脾、悦颜色等功效。《开宝本草》称红枣："补虚益气，润五脏。久服令人肥健，好颜色。"

豇豆 豇豆味甘，性平，有补肾生髓、健脾理中、益气调营、养肺润肤等功效。《本草纲目》中说："豇豆，理中益气，补肾健胃，和五脏，调营卫，生精髓，止消渴"。体瘦者常吃豇豆，不但有丰肌泽肤功效，还可调整机体脏腑功能。

6. 丰体食谱

炸鸽肉条

原料 鸽肉250g，山药50g，花生油、料酒、淀粉、精盐、味精、鸡蛋清、花椒粉、香油各适量。

做法 将鸽肉去皮洗净，打上多十字花刀，切成长约3cm、粗约1cm的条，放入碗内，加入花椒粉、料酒、精盐、香油腌渍一会；山药去皮切片，烘干研末，加入鸡蛋清、淀粉和成糊状，倒人鸽肉条抓匀。锅内入花

生油，用中火烧至六成热时，散放入挂糊的鸽肉条炸熟，呈金黄色时即捞出，撒上味精即可食用。

功效　消瘦女性多吃此菜，使脾胃得和、筋骨得健、肌体得丰，人的身材就会苗条、强健，面容红润光泽，肌肤丰满腴美，显得年轻健壮。

莲子猪肚

原料　猪肚1个，莲子40粒，香油、葱、姜、蒜、盐各适量。

做法　将猪肚洗净。净莲子水发去心，装人猪肚内，用线缝合，放锅内加水炖至熟。熟后待凉，将猪肚切成细丝，与莲子共置盘中，加香油、食盐、葱、姜、蒜各适量拌匀，即可佐餐食用。

功效　健脾胃、补虚益气。形体消瘦者经常食用，能增强体质，使肌肉丰满。

大豆丸

原料　大豆2500g，猪油适量。

做法　将大豆炒成焦黄色，捣成细末，用猪油炼成像梧桐子一样大的药丸。每服50丸，温黄酒送下。

功效　益颜色、长肌肉，适用于身体消瘦、病态“苗条”者。

香蕉奶露

原料　香蕉1个，鲜牛奶200ml，蜜糖适量。

做法　将香蕉斜切成片状，放入杯中，再加入鲜奶、蜜糖，调匀即成。

功效　润颜增肥，对消化功能不良所致身体瘦弱有较好作用。

板栗烧牛肉

原料　牛肉750g，板栗300g，精盐、胡椒、料酒、白糖、姜片、味精、菜油、葱段各适量。

做法　牛肉洗净入沸水氽透，切块；板栗入沸水煮一下，剥去外壳和内衣。锅置火上，倒入菜油，待油七成热时，下板栗炸2分钟，再将牛肉块炸一下捞起，控去油。锅中留底油，人葱段、姜片，炒出香味时下牛肉、精盐、胡椒粉、料酒、白糖和清水，用旺火烧沸，撇去浮沫，改用小火慢炖，牛肉熟时下板栗，继续烧至肉烂、板栗酥时收汁，下味精调味即成。

功效　补脾胃、强筋骨、养气血，适用于脾胃虚弱所致的厌食、消瘦等症。

牛奶炖鸡

原料　仔鸡1只，牛奶500g，调料适量。

做法　将仔鸡杀好去杂切块，与牛奶炖熟，放入调料即可。

功效　补中益气、强壮美容。牛奶可美艳肌肤，鸡肉温中益气，两者合用补益之力更强。

核桃羊肉粥

原料　核桃仁20g，羊肉100g，粳米50g，精盐、料酒、姜末、味精、香油各适量。

做法　将羊肉洗净，剁成肉泥；将核桃仁洗净，打碎。粳米淘净，放入砂锅，加清水、羊肉、核桃仁，小火煨粥，粥熟时加调料即可。

功效　此品能够提升体内阳气、益精健骨、丰肌泽肤，适用于体型瘦弱女性冬季服用。

做一个“香香”公主

1. 吃出玉肌香体

许多人都对《还珠格格》中的香妃印象颇深，把这位乾隆皇帝的最爱“香香公主”当作是天下第一的美人。“玉容未近，芳香袭人，既不是花香也不是粉香，却别有一种奇芳异馥，沁人心脾”，这便是香妃的真实写照。多少岁月之后，人们仍然无法忘却那个故事，那香味的传奇已令红尘尽醉……

拥有淡淡的体香一直是女性优雅高贵的象征。女性的魅力，与香味是紧密相连的，体香缭绕是女性最具有魅力的包装、最具诱惑的衣裳。恢复少女幽香，打造香体美人。让青春与美丽同时在女性体内燃放，轻舞飞扬中的神采，伴随着四溢的兰香，生动而鲜活。这大概是众多女性心中的向往。

但是，古人一直无法得出人体散香的奥秘，直到现在人们才成功地破译了“香妃”体香的秘密：原来人体蕴香与人体的“香源”密不可分，甚至可通过激活人体“香源”，使人体自然发香，让所有女性都成为“香妃”般的女性。

人体的气味是人体代谢过程中产生的，它和人体代谢出的物质有关。而人体代谢出的物质大概可以分为三类。第一类是脂质类物质，像皮肤分泌出的皮脂和汗液。皮脂即我们通常说的皮肤表面的油，它会在皮肤表面形成皮脂膜。皮脂长时间接触空气便会被氧化，形成氧化脂质而散发出气味。而我们知道汗液也是有味的。第二类是蛋白质类物质，包括我们的排泄物。蛋白质发酵时的味道比脂质浓得多。第三类是一些糖分，包括呼出的二氧化碳，也有一些是有机酸。人体分泌出的这三类物质都会发出气味。

这三类物质中含有多少化学成分呢？有人利用现代科学技术，对人体气味进行了检测，结果表明体味中所含的物质多达700余种。其中呼吸系统排出的有149种，汗液中有152种，尿液中有298种，粪便中有196种。通过皮肤排出的已知气体，有烃、醛、丙酮、苯与甲烷等20余种化学成分。

由于含有这么多的化学成分，所以人体气味因人不同，气味的强弱浓淡也不同，同样的脂肪氧化，而不同的人会分解出不同的气味。

自古以来，人们为能够“体香如梦”，想尽了各种办法。据说香妃是因为喜食杏仁，所以身体才会散发出奇特的花香。历代皇妃贵妇们追求玉体蕴香的方法更是千奇百怪：西施常用荷花与露珠调制晨饮；杨玉环不但爱吃荔枝，还经常将香榧子研末冲服；慈禧酷爱食用菜香草粉调制的佳肴。由此可见，人体具有蕴香代谢功能，是因为与饮食密切相关。如今有一种“体香餐”风靡巴黎，其制作者莫尼纳明介绍说，如果经常食用，就会使身体健美并拥有香水般的香味。

科学家研究指出，人体具有蕴香代谢功能且与食物关系密切。人们可以通过科学饮食，促进身体蕴香，从而通过肌肤散发出来。营养学家研究证明，当你的饮食富含镁时，体味呈杏香型。若是过量摄入了的镁，体味将转化为无花果的香气，当所食用的食物富含镁时，它能调节情绪，令人精神饱满，肌肤滋润，体味芳香。当食物结构偏酸性时，则会影响皮脂及体味的散发，导致肌肤粗糙，体味失香。因此，人体的蕴香代谢功能与饮食的性味成分和营养结构有着密切的关系。

从唐朝开始，很多后宫嫔妃就开始用食疗的方法让自己的身体散发花香。看看从古代流传下来的香体食物都有哪些吧！

桃花香型 据《神农本草经》记载，桃花能“令人好颜色”。现代医学研究表明，从桃花中提取的植物激素，有抑制血凝、促进末梢血液循环的特殊作用。用桃花瓣泡茶或研末调蜜制成蜜丸，常食可使人体散发出桃花香气。

茉莉香型 茉莉花多数人只知用其窨制茶叶，而忽略其美容价值。中医认为：“此花馨香异常，顺气活血、调理气机，人膳最宜”。取茉莉花若干，晒干，每次3～5朵调入清粥食用，不仅能清心明目，还可令肌肤流溢生香。其中所含香精油、芳樟醇脂等物质更有抑制色素形成及活化表皮细胞的妙用。

梅香型 梅，其花可作“梅粥”。梅实捣烂后，拌入花瓣盐渍备用。将已煮好的白粥放入小锅内煮滚，放入小葱、少量麻油、胡椒粉，加小火熬成

稀状，此时倒入盐渍的梅实、梅花，起锅后即可食用。其色鲜红，其味鲜香，令人生津。女性常饮梅粥，体发梅香，淡雅宜人。

杏香型 肺主皮毛，故皮毛、毛发与肺有关。镁入肺经，这是镁元素美容的医学理论。杏花、杏蕾等都富含镁。想使体蕴杏香，于杏花盛开时，取杏花去蒂，以布袋盛之，入瓮封存。半月后取出，每 500 克加甘草 50 克，盐梅 10 个共研末，装入瓷瓶。每餐饭后用白开水冲服 10g，可使皮肤白而润，散发杏香。

芦荟香型 芦荟中含有高分子配糖体，配糖体在被人体分解时能散发出芳香。采新鲜芦荟去皮，用开水烫后，拌以椒盐、麻油等佐料，即成凉拌菜。其性凉，故可消炎去火。对于油性皮肤的人来说，经常用鲜芦荟榨汁饮用或吃，可令全身散出芦荟幽香。

2. 以花为食　香体美容

早在 2000 年前，中国伟大的诗人屈原就吟诵过“朝饮木兰之坠露兮，夕餐秋菊之落英”的诗句。从唐朝开始，很多后宫嫔妃就开始用食疗的方法让自己的身体散发花香。各类著名的医学典籍中都记载了以花为食的方法。由此可见，以花为食在我国的悠久历史。经现代医学研究证实，以下花具有明显增香和改变人体气味的效果。

茉莉花 茉莉花含有多种有机物和维生素以及糖和淀粉等有益于人体的营养元素，是十分理想的美容佳品。茉莉花作为体香美容膳食其实由来已久。据现代药理研究证明，茉莉花所含的香精油、芳樟醇等物质，具有抑制人体皮肤色素的形成及活化表皮细胞的作用。《本草纲目》记载茉莉花能香肌、润肤、长发。中医认为：茉莉花馨香异常，并能顺气活血，调理气机。茉莉花的香气可上透头顶，下去小腹，解除胸中一切陈腐之气，不但令人神清气爽，还可调理干燥皮肤，具有美肌艳容，健身提神，防老抗衰的功效。女性常服，会使肌肤溢香。

桃花 古人有“人面桃花相映红”的说法，现代研究证明，桃花含有山柰酚、香豆精、维生素 A、维生素 B、维生素 C 等。这些物质能扩张血管、疏通脉络、润泽肌肤，使促进人体衰老的脂褐素加快排泄，可预防和消除雀斑、黄褐斑及老年斑。据《神农本草经》记载，桃花入药为上品。在以后的医籍中，桃花能“悦泽面容”的功效更是多有记载。据现代医学研究证明，从桃花中提取的生物甙和植物激素，具有抑制血凝、促进末梢血液循环的特殊作用。桃花富含铁，用桃花瓣泡茶或研末制蜜丸，女性常食，可使其体味散发出桃花香型。

桂花 在我国十大名花中，桂花是最有名的。桂花不仅是珍贵的观赏花木，而且还是我国特产的芳香植物。入食，可暖胃平肝、健脾益肾、舒筋活络等。人们常做桂花茶、桂花糕、桂花酒、桂花糖等来食用。桂花香冠天下，常饮桂花茶可美白肌肤，还可消除口臭，使体味芳香。

兰花 被称为“国香”和“天下第一香”的兰花，以其清香淡雅为世人推崇和赞赏。兰花盛开期，泡上一杯清茶，摘几朵兰花放于杯中，一股清香弥漫于茶水中，慢慢品尝，清香甘甜，而茶叶久泡不衰。兰花入菜肴，味道鲜美，具有厚味去腻、淡味提香、清肺热、通九窍、利关节等食疗保健作用。长期饮用可以润泽肌肤，遍体生香。

丁香花 丁香花芳香浓郁，沁人心脾。丁香花一般在9月至来年3月间开花，花蕾鲜红时采收，除去花梗，晒干，入药称为丁香。丁香有温胃暖肾、降逆除臭等食疗效用。丁香花蕾含挥发油、丁香油酚等成分。久服，可使体味芳香宜人。

玫瑰花 长期食用玫瑰花，不仅可使人拥有清新体香，还可活血、理气平肝，促进血液循环，使肤色红润、美丽。《食疗本草》谓其：“主利肺脾、益肝胆，食之芳香甘美，令人神爽”。玫瑰花不仅美丽芳香，而且含有丰富的营养物质和独特的滋润肌肤食疗效用。鲜玫瑰花作为饮品，具有活血理气、美容养颜等食疗效用。

菊花 菊花富含腺嘌呤、氨基酸、胆碱、水苏碱和维生素等物质。菊花气味清香，凉爽舒适，以糙米煮粥，借米谷之性而助药性。久服，可美容保体、抗老防衰。

3. 香体食疗方

茉莉香体粥

原料 茉莉花5g，大米50g，蜂蜜适量。

做法　将茉莉花晒干，用擀面杖反复擀压，成为花碎。将大米加水煮成粥，放入花碎再煮10分钟，晾至温热时加蜂蜜调味，即可食用。

功效　美白洁肤、香体顺气，经常食用，可使肌肤散发茉莉芳香。

四物香体羹

原料　冬瓜子30g，松根白皮（药房可买到）30g，大枣30g，米酒适量。

做法　将大枣肉研成泥，冬瓜子、松根白皮研成粉末。每用6g调入米酒中成羹状。空腹食之。早晚各1次，连吃百日。

功效　松根白皮是常绿乔木油松根的白皮，含挥发油，有松香味。冬瓜子、大枣可参与人体的蕴香代谢，促使人体蕴香。米酒是糯米酿成的甜酒，有浓郁的香气。四者合用，香体效果极佳。据载，吃百日后，可使身着的“衣被皆香”。

香体芦荟饮

原料　鲜芦苇200g，矿泉水500g，蜂蜜25g。

做法　将鲜芦荟洗净后绞取汁，与矿泉水混合，调入蜂蜜即成。当饮料常饮。

功效　鲜芦荟有清热解毒、涤浊通便、排毒养颜的功效，在体内能散发芳香。和蜂蜜合用，能够排毒养颜，涤浊产香。

大枣肉桂丸

原料　大枣肉100g，肉桂50g，冬瓜子100g，松树皮（内层白皮）500g，蜂蜜1000g。

做法　将大枣肉研成泥，肉桂、冬瓜子、松树皮研成细末，将磨成的细末与枣泥、蜂蜜一同搅拌，而后做成龙眼大小的丸子。早晚空腹各吃2～4丸。

功效　肉桂含挥发油、桂皮醛、桂皮醋酸酯等芳香成分。蜂蜜乃工蜂采百花的花粉酿成。吃后，也能参与人体的蕴香代谢而使人体蕴香。

体香饮

原料　冬瓜子150g，无花果60g，香榧子30g。

做法　冬瓜子、无花果、香榧子研成末，储入瓷瓶。餐后，用开水冲饮。

功效　经常饮用可使皮肤白皙红润，体蕴杏香。

天香汤

原料　木樨花500g，甘草50g，话梅10个。

做法　在木樨花盛开之际，晨露时采撷。去蒂，以布袋盛之，入盒搅如泥，加入甘草、话梅捣饼，入罐封好。每次用开水冲服。

功效　经常服用，可使人体散香。

荔枝香身粥

原料　干荔枝（去壳）5个，粳米或糯米50g。

做法　将荔枝和糯米一起煮为粥食用。

功效　荔枝性热，能够补阳益气、生津养血，长期服用可以使遍体生香。

五香丸

原料　豆蔻、丁香、藿香、零陵香、青木香、白花、桂心各30g，香附60g，甘松香、当归各15g，槟榔2枚，蜂蜜适量。

做法　所有原料共为细末，用蜂蜜制成如大豆大小的药丸。

功效　诸药合用口含，有良好芳香去秽作用。前人云："五日口香，十日体香，二七日衣被香，三七日下风人闻香，四七日洗手水落地香，五七日把他人手亦香"。

菊花粥

原料　菊花25g，粳米50g。

做法　将菊花去蒂，晒干，研成细粉备用，待粥将成时调入，再煮1～2分钟即可。

功效　菊花气味清香，凉爽舒适，以粳米为粥，借米谷之性而助药力，久服美容颜体，抗老防衰。

梅花粥

原料　梅花15g，粳米50g。

做法　将粳米煮粥，待粥将成时加入梅花，再煮1～2分钟即可。

功效　疏肝解郁、美容艳体。不仅芳馨适口，使人开胃，还可美容驻颜。

不可忽视手足的美丽

1. 纤纤手足 食物巧护

女性有张漂亮的脸蛋是很重要的，但是也不能够忘了第二张脸——手。女性的双手，扮演着重要的角色。一双温润的手，可以为你的美丽增添不少光彩。

我们的双手不仅像面部一样长期暴露于阳光和有污染的空气之中，受尽风吹日晒，而且在日常生活中还要经常接触洗衣粉、肥皂、洗涤剂等一些碱性及去脂性的物质。再加上我们用手来写字、做家务、拿取东西，手很容易因外界环境及生活习惯而受损。尤其是到了冬季，温度、湿度的下降会使双手肌肤变得粗糙，甚至蜕皮、干裂。所以，要想有一双娇嫩的双手，保养是必不可少的。

除了手，脚的保养也是必不可少的。明星林志玲说：“女性重视不重视保养，看脚就知道了”。古代用“莲足”来形容女性温润如玉、芳香如莲的双足。尤其是在夏天，你“足”够完美，再抹上漂亮的甲油，一定会为你的美丽加分不少。美脚行动，是每一位女性都不会轻视的。

保养手足的方法有很多，按摩、洗浴等都是不可缺少的保养方法，饮食更是养护手足不可缺少的一种方法。

用饮食的方法来养护手足时，要根据自己的皮肤性质选择合适的食物。

油性皮肤者，宜选用凉性食物，如冬瓜、丝瓜、白萝卜、胡萝卜、竹笋、大白菜、小白菜、卷心菜、莲藕、荸荠、西瓜、柚子、椰子、银鱼、鸡肉、兔肉等。少吃辛辣、温热性及油脂多的食品，如奶油、奶酪、奶油制品、蜜饯、肥猪肉、羊肉、狗肉、花生、核桃、桂圆肉、荔枝、巧克力、可可、咖喱粉等。还可选用去湿清热类中药，如白茯苓、泽泻、白菊花、薏米、麦饭石、灵芝等。

中性和干性皮肤者，宜多食豆类，如黑豆、黄豆、赤小豆、蔬菜、水果、海藻类等碱性食品。少吃禽畜类、鱼贝类等酸性食品，如狗肉、鱼、虾、蟹等。选用具有活血化淤及补阴类中药，如桃花、桃仁、当归、莲花、玫瑰花、红花及枸杞子、玉竹、女贞子、旱莲草、百合、桑寄生、桑葚等。

2. 均衡饮食去倒刺

在冬季到来的时候，我们常发现双手上的倒刺（俗称“肉刺”、“肉缺皮”）增加了。其实这是肌肤太干燥，角质层有裂纹所致。

一般人处理倒刺的方法通常是把倒刺剪掉，但过了一段时间后又会长出来，而且不小心会剪破手指。这时可将双手浸入加有果汁（如柠檬、橙子、苹果等）的温水中，浸泡10～15分钟，就可以起到营养和软化肌肤的作用。

如果长时间仍不见好转，那就是缺乏维生素C和维生素B的表现了，就该多吃一些富含维生素B、维生素C的食物，如蔬菜与水果。

另外，在饮食中多补充一些可防止肌肤干燥的维生素A、维生素E和锌，对于防止倒刺很有帮助。在哈密瓜、胡萝卜、蛋类中，可获取丰富的维生素A；从杏仁、青菜、水果中可获取维生素E；海产、牛奶中则富含锌。

需要提醒大家的是，如果你有偏食的习惯，千万要改掉。只有全面地从食物中摄取营养，才能让你的肌肤充满活力。这样，你在双手上出现的问题也就容易解决了。当然，要想拥有一双纤纤手足，除了注意饮食，以内养为主外，下面的方法也是必不可少的。

1. 用含维生素E的营养油按摩指甲四周及指关节，可去除倒刺及软化粗皮。

2. 随时做做简单的手指操，可以锻炼手部关节，健美手形。

3. 每周至多涂抹指甲油 3～5 天，让指甲至少能自由呼吸两天。涂指甲油之前要用消毒水清洁指甲表面、指甲与皮肤连接处，以防感染。

4. 尝试去美容院做手护理：去角质、按摩、做手膜，让双手焕发光彩。

3. 食物护手攻略

护理手足的办法有多种，大家不妨试试以下这几种用食物呵护双手的方法，别看它们都很简单，效果却都很不一般：

用醋或淘米水洗手　双手接触洗洁精、皂液等碱性物质后，用食用醋水或柠檬水涂抹在手部，可去除残留在肌肤表面的碱性物质。此外，坚持用淘米水洗手，可收到意想不到的好效果。煮饭时将淘米水贮存好，临睡前用淘米水浸泡双手 10 分钟左右，再用温水洗净、擦干，涂上护手霜即可。

用牛奶或酸奶护手　喝完牛奶或酸奶后，不要马上把装奶的瓶子洗掉，一定要记得充分地利用“废品”。将瓶子里剩下的奶抹到手上，约 15 分钟后，用温水洗净双手，这时你会发现双手嫩滑无比。

鸡蛋护手　用一个鸡蛋去蛋黄取蛋清，加入适量牛奶、蜂蜜调和均匀后敷在手上，15 分钟左右洗净双手，再抹护手霜。每星期做一次，对双手有去皱、美白的功效。

4. 护手饮食经

冻蹄

原料　猪蹄膀 1 只，猪皮 250g，姜块 10g，葱丝、桂皮、料酒、酱油、绵白糖各少许。

做法　猪蹄膀、生猪皮去毛洗净，入沸水锅中稍煮，捞出洗净，放入砂锅中，加酱油、糖、葱、姜、料酒、桂皮，放入清水，以淹没蹄膀为度。旺火烧沸，然后用微火焖，直至炖烂，撇去浮油。猪蹄放盘中冷却后改切成片，浇原汤即成。

功效　滋阴托疮，对于手足皲裂有效果。

红枣芝麻粥

原料　糯米50g，红枣40g，芝麻25g，白糖适量。

做法　糯米洗净；红枣洗净去核；芝麻洗净后，用小火焙熟，趁热碾成粉末。取砂锅1只，放入糯米，加入适量清水，用旺火烧沸，加入红枣、芝麻，改用小火边煮边搅动致熟，临吃前，放入白糖。当点心食用。

功效　滋润养身，主治手足皲裂、皮燥发枯。

橘皮干姜汤

原料　橘皮2个，干姜片适量。

做法　将橘皮和干姜片放锅中，加水适量，煎煮20分钟。水温稍凉后，外洗患部，1日数次。

功效　行气散寒、止痛止痒。主治冻疮未溃，皮肤红肿、奇痒者。将冻疮洗后，擦干水分，配合外涂猪油蜂蜜软膏（比例3∶7），疗效更佳。

第 7 章　让美丽与健康同行

这样吃喝要不得

1. 美丽饮食的七大陷阱

在追求美丽的过程中总有许多陷阱，使人在不知不觉中就掉了进去。所以，在美丽饮食的过程中，就要注意避开以下七大“美丽的陷阱”。

不食用早餐 爱美的女性为了减肥，或者为了赶时间，常常不吃早饭。早餐为开始新的一天补足营养和能量，有助于防止肥胖症。不吃早餐或者早餐吃不好，就有在其余进餐时间吃得过饱和选择高脂肪及高糖饮食的危险。健康早餐应包含脱脂的牛奶、酸奶或乳酪和粮食制品，也就是说，应有燕麦片粥、全麦面包、水果或果汁。

不注意食物颜色的搭配 不要以为食物的颜色只是为了好看，它们其实与所含的营养成分有密切的关系。不注意食用各种颜色的食品，就会造成营养不均衡，对健康造成损害，也为自己的美丽埋下隐患。所以，日常饮食中要注意对各种颜色的食物都要均衡食用。

不清楚有益脂肪和有害脂肪 有害的脂肪是指饱和脂肪，如动物油中的胆固醇以及黄油中的氢化脂肪等，这类脂肪会使人们患各种疾病的危险。而有益的脂肪指的是不饱和脂肪，这些脂肪能够提供脂肪酸，可以增加抵抗力，减少疾病，促进血液循环和降低胆固醇及甘油酯，鱼和海产品中大都为有益脂肪。为了自己的美丽和健康，在饮食的时候要尽量少吃有害的脂肪，而对于有益脂肪则要多亲近。

要注意的是，生植物油中含有高比例的不饱和脂肪（有益脂肪），不含胆固醇，是维生素E的重要来源之一。特别是橄榄油含有预防心血管疾病的物质。但另一方面，植物油经过高温就变成饱和脂肪，或者分解并失去它的优点。这就是劝人们不要过多食用油炸食品的道理之一。

不重视盐的危险　食盐过量会增加患病的危险。如高血压、动脉硬化、冠心病、脑出血和骨质疏松。因此，最好食用不经过加工的天然食品或含盐量低的食品。蔬菜、水果、粮食和豆类是含钠低的食品；冷盘、肉肠、罐头、干面条和一些调味品等是含盐量高的食品。

不知道减肥饮食也会使人发胖　“如果完全按减肥食谱吃，我就可以放心地吃了”。但是，每个人的体质不同，控制饮食的种类和数量也不同，有些减肥食品对别人有作用，对自己却未必有用。所以对于减肥食品也要慎之又慎。应尽可能注意这种食品的进食量，特别是对一些特殊食品要有控制地食用，如饭后甜食和乳酪。只有一些提供极低热量的食品可以自由食用，如蔬菜汁和果冻。

不注意强健骨骼　“青少年时期以后可以不必再食用乳制品”。这是另一个经常犯的错误，因为骨骼一直需要补钙。钙的最好来源是牛奶、酸奶和乳酪，尽管还有其他植物类食物含钙（豆类以及包括瓜子在内的干果类等），但它们所能提供的矿物质不如乳制品那样多。带刺的鱼罐头（沙丁鱼、鲭鱼和金枪鱼）也可提供大量的矿物质。

对碳水化合物缺乏认识　碳水化合物有两种，一种是简单碳水化合物。

含复杂碳水化合物的食物有米面类、豆类、马铃薯、白薯、嫩玉米以及一些新鲜水果和包括瓜子在内的干果。含简单碳水化合物的食品有糖、蜂蜜、果酱、普通汽水和一些含酒精的饮料。两种碳水化合物的区别在于，后一种提供热量而没有人体所需的基本营养，而前一种含有维生素、矿物质和纤维。

所以，为了自己的美丽和健康，要选择复杂的碳水化合物。

2. 七大饮食恶习

要想拥有美丽，首先得有健康，有了健康，美丽才能和你同行。而在当今快节奏的现代生活中，要维持一个健康、合理的饮食习惯实在太难了。饮食是我们日常生活的一项重要内容，也是许多爱美女性减肥瘦身的重要方式。但是，你会想当然地以为有许多的饮食习惯能够达到减肥的目的，然而事实上却导致了你体重的增加。所以，为了你的健康和美丽，在尝试让你的身体健康美丽的有效饮食方法之前，不妨先改掉这几种不良的生活习惯：

睡前吃东西影响睡眠 如果你不想在睡梦中长胖，就不要在睡觉前吃东西。虽然到目前为止，权威决定性研究证明睡前吃东西导致肥胖。在睡前 3 小时内吃太多食物或吃一些辛辣食物、高脂肪食物、含咖啡因的食品会影响睡眠质量，使人们在第二天感到乏力，甚至会一整天都没精打采。如果你在睡前感到有点饿，切忌吃上面提到的各类食物，可以吃少量新鲜水果。另外，不要边看电视边吃东西。

暴饮暴食让你变胖 人们对于一些高脂肪食物，例如油煎马铃薯片或饼干等，似乎有一种天生的喜爱，经常放开肚子，吃个痛快，殊不知，这样会导致身体变得肥胖。专家认为，每天进食 5～6 次，每次的分量要少，这样的方法强于一日三餐。这样不仅能控制一个人每天的食欲，还能减少吃多的概率，可以使身体一整天都在消耗热量，新陈代谢保持在高水平。

饿着不吃更容易长出脂肪 不要以为不吃任何东西就可以减肥，其实与你想的正好相反，在感到饿了却不吃饭，身体的第一反应就是储存脂肪，结果导致体重增加。一个人长时间不吃饭，处在饥饿状态，身体就会非常难受。当你终于再次进食时，你的身体会认为它需要储存热量，因为它不知道你下次进食会拖到什么时候。这样，你体内的脂肪就会越积越多。假设你挨饿是想保持身材苗条，那么需要重新考虑你的食谱，制定一个饮食计划，根据自己的锻炼强度确定食谱。你应该确定所吃的

食物中有大量水果、蔬菜、粗粮，也包括肉和鱼。最好的减掉脂肪的方法是有规律的饮食和有规律的锻炼，绝对不能通过剥夺你身体的热量和营养来减肥。

边吃东西边做事容易吃过量　人们边做其他的事情边吃饭，经常是在不知不觉中就吃过量了，久而久之，身体就容易发胖。假如一个人一边看电视，或者正同别人通过电话聊天，抑或玩电脑游戏，一边吃饭，这些分心的事情都会分散身体对饥饿感和过饱预兆的注意力。一次只将注意力集中在一件事情上。吃饭就专心吃饭，毕竟吃饭不是比赛。

吃得太快会摄入多余热量　如今人们的吃饭速度和社会发展的速度一起飞涨。这样做的结果就是带动身上的脂肪也一起飞涨。正常情况下，一个人从开始吃饭到饱了的信号传给大脑，大约需要 20 分钟，如果仅用 5～6 分钟就吃完一餐，那么大脑根本就没有机会告诉你的身体：它已经饱了。结果吃得过多，身体里储存了过多的食物和热量。所以，要想瘦身，就应该细嚼慢咽，享受美食的味道，这样大脑就有足够的时间意识到你正在吃饭，也可以给你的身体发出你是否吃饱了的信号。如果你早餐或午餐的时间有限，只给自己准备一小份饭菜。这样，即使很快就吃完了，身体也不会摄入多余的热量。

饮水太少影响新陈代谢　水是维持生命所必需的。如果一个人一天内不喝足够的水，新陈代谢就会慢下来，可能导致体重增加，因为水是所有新陈代谢功能所必需的，连消耗热量都需要水。一个人应该在一天内喝大量的水。每人一天应该喝下 8～10 杯水，如果你经常锻炼，可能需要喝更多的水。

吃水果和蔬菜太少　当身体需要大量维生素和矿物质的时候，只有一种方法可以满足身体的需求，那就是食用大量的水果和蔬菜。水果和蔬菜的价值对于人体健康是无法估量的，人体每天还需要 5～10 份水果和蔬菜。如果身体摄入水果和蔬菜的数量太少，就会影响身体健康。

3. 甜在嘴里　祸在身上

甜食对于女性来说，好像总有一种难以抵挡的魅力。不过在“甜蜜”

的背后，却隐藏着一个“陷阱”，对于健康有着很大的副作用。

女性不宜过多食用甜食，以免使血中葡萄糖浓度过高，引起高脂血症、动脉硬化、肥胖症、高血压病、冠心病、糖尿病和骨质疏松等疾病，从而危及健康。世界卫生组织曾指出：“嗜糖比嗜烟更加可怕。长期嗜高糖食物的人，其平均寿命比正常饮食的人缩短10～20年”。

科研人员发现，吃甜食过多，会导致胆结石。过量的糖会引起胰岛素分泌过多，引起胆汁内胆固醇、胆汁酸和卵磷脂的比例失调，进而引起胆结石的出现。肥胖并不会使所有的人生长结石，但对女性来说，它却是招致胆结石的温床。因此，要少吃甜食。

吃糖过量会引起尿石症，已被实验所证明。在一次大量吃糖后，尿中含钙量急剧增加，这期间容易形成尿结石。如果每天临睡前喝一杯浓糖水，则患尿结石的危险就更大。

多吃甜食还可促发乳腺癌。这大概是许多喜欢吃甜食的女性所没有想到的。据研究，长期摄入高糖食物，能使血内胰岛素含量经常处于高水平状态，而早期乳腺癌细胞的生长，正需要大量的胰岛素。被乳房大量吸收的胰岛素，对乳腺癌细胞的生长繁殖，起着推波助澜的作用。

糖属于酸性食品，长期食糖过量，就会使体质变成酸性，会加速细胞的老化，使人体环境适应能力差，头发变黄变白。糖留在口腔内，细菌就会大量繁殖而形成一些有机酸和酶，直接破坏牙齿，使牙齿脱钙、腐蚀，形成龋齿。因此，女性吃甜食应该慎重。

体内过量的糖还能自行转化为脂肪，影响正常的食欲，妨碍维生素、矿物质和其他营养成分的摄入，导致人体肥胖，引起多种疾病等。

糖可称之为“甜蜜杀手”，虽然可以带来口感上的享受，但对于女性的影响和健康影响甚大。这些危害，不是一时的快感所能够承受的，所以还是敬而远之吧。如果实在是无法拒绝这种“甜蜜的诱惑”，就要在吃什么糖的问题上多加以选择，在甜食和健康之间找到平衡。最好吃以下3种糖：

红糖 它也叫“黑糖”、“褐糖”，含有较多的铁、钙、钾、镁等矿物质，具有很高的营养价值，而且有利于人体内酸碱平衡。中医认为，红

糖有活血散淤、温中散寒等作用。但是红糖性温，经常上火、口干舌燥的人应当少吃。

低聚糖 如低聚果糖、低聚乳糖、低聚异麦芽糖等。它们的热量很低，具有调整生态平衡的作用，有的被称为“双歧因子”，能促进体内有益菌的生长，抑制肠道致病菌和腐败菌增殖。

糖醇类甜味剂 包括木糖醇、山梨糖醇、甘露糖醇、麦芽糖醇等，甜度略低于白糖。它们能量低、不会引起龋齿、不升高血糖，属于健康甜味剂。但每天的食用量最好别超过 20g，因为它们会促进肠道蠕动，过量食用能引起轻度腹泻。

4. “冰凉”让美丽付出代价

冰凉的饮料、各种口味的冰淇淋，都是夏季深受女性们喜爱的饮品。其实，女性不宜吃太多冷饮。

大受年轻女性欢迎的冷饮喝多了到底有没有害呢？炎热的夏天喝杯冰凉的可乐是挺过瘾的，本来无可厚非，但问题是现在很多年轻人几乎已把冷饮代替了开水、茶水，一回家整个人还“热气腾腾”的就一大杯冷饮灌下去，这样做对身体当然有害了。

中医理论认为，女性身体大多属于“阳虚阴寒”。“阴虚”是指机体精、血、津液等物质亏耗，以及阴不制阳，导致阳相对亢奋的病理状态。表现为形体消瘦、口燥咽干、五心烦热、盗汗、两颊潮红、舌红绛、无苔或少苔，脉细数。

科学家曾经做过一个试验，将人的大脚趾浸入 4℃的冷水中，半分钟后，即发现鼻黏膜血管强烈收缩，而且分泌物中的抗体量急剧降低。而胃黏膜的面积比一个足趾大几十倍，冷饮进入胃内所引起的全身反应也要强烈得多。由于子宫内膜血管也发生强烈收缩，从而导致月经量锐减，甚至发生闭经、痛经。在生活中，许多女性可能会发现，当月经来潮时吃大量的冰淇淋就可能减少月经量、缩短月经期，有的甚至还会停经；而禁食冷饮后，月经不调的症状便逐渐减轻，直至完全消失。我国妇科专家分析城市女性患妇科病比农村女性多，认为过多进食冷饮是重要原因之一。

而且对于爱美的女性来说，吃冷食更不是一个好消息。女性如果经常吃冷食，容易长出肉乎乎的小肚腩，这是因为女性的子宫须保温，在吃冷食的同时，子宫温度会降低，这时大脑就命令脂肪去保护子宫，而脂肪也由此集中在小腹。

医学研究甚至还发现，如果夏天过多食用冰棍、冰淇淋等冷饮，头发也容易脱落。

所以，女性为了自己的健康和美丽，最好对冷食适可而止。

5. 只吃蔬菜会越来越胖

近年来，素食风尚逐渐流行开来，尤其是体形较为丰满的女性，认为吃素能够减肥，有助于保持自己的苗条体型。实事求是地说，多吃素食、蔬菜水果等富含纤维的食物，的确对减肥有帮助。不过，“食过则成积聚，饮过则成痰癖”。女性如果经常只吃菜不吃主食，不但会越吃越胖，而且还可能对健康造成一定的影响。

如果一味食素，摄取动物性食品过少，会造成动物蛋白质摄入不足，即使补充了豆类等的植物蛋白，其吸收和利用都远不及动物蛋白。当完全素食者蛋白质摄入不足时，人体内的蛋白质、碳水化合物、脂肪就会失衡，人的免疫力就会下降，记忆力也会减退，贫血、消化不良等疾病就会接踵而来。

而且，维生素和烟酸也由于对脂溶性维生素摄入吸收极少而缺乏，很容易导致腹泻，此外还会容易感觉迟钝、皮炎肆虐等。而且，素食中含有丰富的膳食纤维，膳食纤维有缓泻作用，起到了促进肠蠕动和减少了肠内容物通过肠道的时间，也就缩短排便间隔时间，过多的膳食纤维就会加速胃肠道里的矿物质营养素的排出，造成体内的矿物质营养素未经吸收便已流失的不足。

最重要的是，很多女性之所以只吃蔬菜是以为只要吃蔬菜就能减肥，

其实吃蔬菜也有无法减肥的时候，那是因为蔬菜容易吸油，反而更容易摄入更多油脂，会越吃越胖。因此，只吃菜、不吃饭，会导致饮食中油多、蛋白质多，热量猛增，反而发胖。

只食用蔬菜还会造成免疫力低下。营养是人体健康长寿的物质基础。营养质量的好坏和数量的多少，直接影响到人体健康、抗病能力和寿命的长短。人体对饮食营养的需求不仅仅是品种全面，而且还要保持膳食平衡。肉类食物中含有人体必需的8种氨基酸，更适合人体消化和吸收，且赖氨酸含量较高，更有利于补充植物蛋白中赖氨酸的不足。长期不吃动物蛋白会造成免疫力下降。而长时间的纯素食一定会使得人体缺乏维生素 $B_1$2、钙、铁、锌等微量元素，以至于对人体产生许多不利的影响。

只吃蔬菜还会影响女性的生殖能力。科学家曾经用实验证明，进食的食物中所含蛋白质过少，从而导致激素分泌失常，月经周期紊乱有关，因而会导致生殖机能异常，甚至严重影响生殖能力。假若女性不愿意生育能力受影响，那么在进行素食减肥前一定要三思而行，尤其是年龄超过30岁的女性，生育能力本身已经下降，更要谨慎行事。

所以，女性为了自己的健康，一定要学会平衡饮食、合理搭配。多年的科学研究表明，素食习惯虽然对于抵抗心血管疾病和防止肥胖等疾病具有不可辩驳的好处，但由于现在生活节奏极快，要耗费大量的体力和精力，素食往往营养不足，显得“力不从心”。因此，素食者更需注意营养搭配。

重视蛋白质的补充 每天的饭食中，应当安排5～6种含有高蛋白的食物，如豆类、坚果类、种子类、豆腐或其他大豆制品、鸡蛋或乳制品。这些食物虽然种类较多，但食用时可以酌量，搭配食用。

不要忽视钙的补充 钙是保持人体正常工作所需要的一种关键元素。素食者无法从肉食中获得钙的补充，因为他们基本上不饮用乳制品，所以，也无法从中获得必要的钙补充。科学家建议，在可能的情况下，素食者不应将牛奶之类的乳制品排斥在外，应适量食用乳制品。此外，经常喝豆浆，吃黄豆、椰菜、钙强化果汁和谷物，都能够对补充钙起到重要的作用。

适量补充维生素 素食者的饮食习惯尽管属于一种“健康饮食”，但也是一种“偏食”，所以他们身上的维生素 B_{12} 供应往往成为一个较大的缺口。要注意补充维生素。

素食者仍需脂肪 科学家们指出，素食者是比较厌烦油腻食物的，尽管如此，适量摄入有益的脂肪类不但有益于健康，还能够起到防癌的作用。然而，对于素食者来讲，由于不吃鱼、鸡蛋和海产品，往往无法获得这类脂肪。作为替代，素食者可以多食用一些类似亚麻籽油、豆油和胡桃这样的食品。

6. 过度节食危害多

女性常常为了保持苗条的体形，有一个美丽的外表，总是吃得越来越少。要知道，吃得多固然会因增加脂肪带来烦恼，但吃得太少，也会造成很多困扰。日常饮食提供给人体足够的碳水化合物、蛋白质、脂肪、纤维素、维生素、矿物质和水，在吸收与消耗中，健康得以维持。如果人为增加或减少某部分饮食，便是人为地破坏了平衡，使身体无法满足基本的生理需要而出现损伤。流行的以高蛋白、低碳水化合物为主要成分的减肥饮食，就是人为地破坏生理平衡，将留下很多潜在的损害。一项最新的科学研究认为，过度节食来减肥对女性的危害有很多种，不可忽视。

胃下垂 节食减肥的女性常常感觉食欲不振、胀气、胀痛，这都有可能是胃下垂的征兆。轻度胃下垂的患者一般无不适感觉，下垂明显者常见腹部不适、饱胀、重坠感，在餐后、站立或劳累后症状加重，伴有食欲不振、恶心、暖气、消化不良、便秘等现象。胃下垂严重时，可同时伴有肝、肾、结肠等内脏下垂的现象。

脱发 过度节食导致体内脂肪和蛋白质供应不足，因此头发频繁脱落，发色也逐渐失去光泽。过分节食，就会导致头发缺乏充足的营养补给，导致脱落。头发若缺少铁的摄入，便会枯黄无泽，最后必然导致大量脱发。因此，为了满头的秀发，女性要均衡营养，不要盲目节食减肥。

骨质疏松 一项调查研究发现：体瘦的女性髋骨骨折发生率比标准体重的女性高1倍以上。这是因为身材过瘦的人体内雌性激素水平不足，影响钙与骨结合，无法维持正常的骨密度。因此，容易出现骨质疏松，发生骨折。

贫血 贫血是女性最常见的一种症状，是指人体血液内红细胞与血红蛋白的含量低于正常，常表现为乏力、头晕、下眼睑发白、面色苍白。造成贫血的原因很多。过度节食、吃得少、缺乏营养是主要的原因之一。营养摄入不均衡，使得铁、叶酸、维生素 B_{12} 等造血物质就摄入不足。吃得少，基础代谢率也比常人要低。因此，肠胃运动较慢、胃酸分泌较少，影响营养物质吸收。

记忆衰退 大脑工作的主要动力来源于脂肪。吃得过少，体内脂肪摄入量和存贮量不足，机体营养缺乏，这种营养缺乏使脑细胞受损严重，将直接影响记忆力。有资料表明，减肥过多的患者就常伴有记忆力衰退的现象。

子宫脱垂 没有了足够脂肪的保护，子宫容易从正常位置沿阴道下降，子宫颈下垂，甚至脱出于阴道口外，形成子宫脱垂。严重的还可能导致宫颈口感染，甚至宫颈炎。

要美丽也要健康，女性为自己的健康，减肥时要选择科学的方法，不要舍本求末，过度节食。

7. 喝水有高招

继美国F·巴特曼博士《水是最好的药》一书风靡中国后，喝水的重要性可谓深入人心，就连广告语都变成了："好肌肤，每天要喝8杯水……"

水是人体健康的重要因素，也是女性美丽的重要保障。但是怎样饮水才能够更健康、更美丽呢？要想要健康美丽，就要学会科学饮水，这里面可有大学问。

要有质有量 喝足够量的水不仅有益健康，而且能使皮肤获得充足的水分，帮助有效清理胃肠道，促进体内有毒物质的排出，同时，还降低了血液的浓度，加快了血液循环，使皮肤更细腻有光泽。

喝水的目的是为了补充身体丢失的水分，以纯净而清凉为首选，而不是要补充各种营养和矿物质。各种营养以及矿物质的补充，应来源于均衡的饮食。蒸馏水、化学饮料、蜂蜜水、盐水、加氟水，不适合作补充水分用水。最有利于健康美丽的水应为白开水。

喝水的方法也是保证饮水质量的重要方面。喝水可不是拿起杯子一饮而尽就可以了。要能让身体真正吸收到充足的水分才是科学有效的喝水方法。

真正有效的喝水方法，一次要将一整杯水（约 200～250ml）都喝完，如果只随便喝一两口，对身体根本无济于事。当然，所谓一次喝完，并不是要你一口气喝完，只有一小口、一小口缓慢地喝，才能被身体真正有效地吸收使用。

要定时补水 在日常生活中，许多人都认为，喝水就是为了解渴，口不渴就不需要喝水。其实，喝水是人体的需要，口不渴并不意味着身体内就不需要水。如果口渴了才喝水，此时身体已经处于比较严重的缺水状态了；也就是说，此时的人体代谢处于几乎“停工待料”的状态，这是因为人体没有储备水的器官。因此，不要等到口干舌燥时才喝水，要养成主动喝水的习惯，即口不渴时也要定时喝水。

要选择碱性水 当人体血液的 pH 值在 7.4 左右，人体状态呈弱碱性时才是最平衡、最健康的。现代女性由于摄入过多的油炸、脂肪类等酸性食物，使体内的酸性大大超过碱性，身体长期处于偏酸性亚健康状态，从而加速了皮肤的老化。这就需要及时补充呈弱碱性的水进行调整，维持人体的酸碱平衡。

弱碱性水，是指 pH 值在 7.1～7.8 的天然水。原始天然的好水大都呈弱碱性，含有钾、钙、钠、镁和偏硅酸等各种对人体有益的天然矿物质，它是人体天然的中和剂，因为这种水中呈碱性的矿物质不必经过代谢就能被人体直接吸收，起到维护人体酸碱平衡的作用。

喝水也有度 喝水也不是可以敞开肚皮随便喝的，也要有度。人体在缺水时全身血容量会减少、心脏灌注压下降、心肌缺血，容易造成心肌损害。此外，体内缺水时，汗液和尿液会相对减少，这样会影响体内代谢产物的排泄，造成有害物质在体内蓄积，使人体出现慢性自体中毒。而如果盲目补水，甚至会使人出现虚弱无力、心跳加快、痉挛、昏迷等“水中毒”症状。因此，水的摄取既要适时，又要适量。一般而言，每天需要补充2000ml左右的水分就够了。

要内外双重补水 要想成为娇嫩欲滴的“水美人”，不但要通过内补水的方式加强身体对水分的摄取，还要通过外补水的方式锁住水分，不让得来不易的水分流失掉。

外补水的方式包括面膜、蒸气美容、喷雾、全身沐浴、SPA水疗等。外补水能够保持充足的水分，维持良好的皮肤弹性。

要想要科学饮水，还要掌握好喝水的最佳时刻。一般来讲，以下几个时刻补充水分最好：

早上起床后 早上起床身体可能会有些脱水的情况，因为已经有一段时间没有补充水分。最好先喝一杯水，让身体开始重新运作。其次每隔一段时间，适时地为身体补充流失的水分。

运动以后 最轻微的运动也会流失一部分水分。虽然我们不是运动员，运动量没有那么大，但不管做什么运动，甚至是打扫房间之后，都应该喝水。尤其洗澡以后，需要补充一些水分。

空调环境 在有空调的环境中工作，尤需补充水分，以平衡身体所消耗的水量。

节食减肥 节食减肥时特别需要喝水。“喝水使人发胖”是个错误的观念。

发烧感冒 发烧感冒的时候一定要喝水，以补充因体温上升而流失的水分。

切记，无论是吃饭还是喝水都不要太烫，因为太烫的饮食会损坏食道黏膜。食道癌的发病跟太烫的饮食有关。

水烧沸后可以杀灭水中含有的细菌、寄生虫卵等微生物，去除水中的钙、镁等矿物质和一些有害气体，所以忌喝生水。

而有的人为了喝得健康，在烧水的时候通常都会有意多烧一些时间。事实上，这样做也是不利于健康的。因为水烧得时间过长，大量的水分就会变成蒸气跑掉，而水里的杂质无机盐等物质含量就会相对增加。尤其是产生的亚硝酸盐，轻者伤及肠胃，重者会引起中毒。所以，水沸腾之后，烧的时间不宜过长，最好烧沸 3～5 分钟就可以了。

健康美丽都不能少

1. 醋和锌助你美丽健康

醋，作为主要驻颜食品之一而广受青睐。有一则传说，讲的是埃及女王克丽帕特拉七世，一位历史上有名的绝代美女，她在一次与人打赌时，竟将一瓶溶解有天然珍珠的醋一饮而尽，并从此一发不可收拾地每天照饮不辍，结果竟使肌肤娇如凝脂，成了名垂千古的艳后，也成了食醋驻颜的先例。

就生理过程而言，皮肤老化的主要原因，就在于皮肤中过氧化脂质的增多和积聚。过氧化脂质是人体内毒性极强的过氧化物，它不仅是导致诸多疾病的顽凶，也是美肤驻颜的克星。它可破坏细胞膜，造成细胞内外物质转运的障碍，使细胞的代谢率降低，因而，一方面导致废物积聚，若色素颗粒积聚较多便形成色素斑；一方面导致皮肤弹力和张力丧失，使皮肤松弛，出现皱纹，同时由于皮脂腺和汗腺功能衰退，皮脂和汗液分泌减少，从而使皮肤失去滋润和光泽。

醋的美肤驻颜功效，就在于它能减少并清除过氧化脂质，并可防止和延缓皮肤衰老，增强皮肤的代谢过程和免疫功能，从而保持皮肤的姣好。

有人用食醋浸泡青皮鸭蛋，3～5 天后，每天煮食 1 个，可使皮肤病在 3～5 天之后消失。

有人将醋与甘油以 5：1 的比例混合成溶液，用以涂抹皮肤，可使粗糙干涩的皮肤逐渐变得光滑细嫩。

素有“生命之花”之称的锌，不仅对于人体健康有着很大的关系，而且也能够使女性变得更美丽，是名副其实的“美丽元素”。正常成人体内锌的总量不过2～3克，而其中有10%～15%存在于皮肤中。由此也可推知，锌对美肤驻颜的重要意义。

临床实践证实，人体缺锌是影响皮肤健美、导致痤疮等诸多皮肤病的主要因素。当人体缺锌时，可使体内雄激素（女性肾上腺皮质也分泌雄激素）分泌量增多，皮脂分泌增多、毛囊口角化缩窄，使过量油脂分泌受阻、积聚，从而形成“粉刺”。所以，女性要想美丽，就要多食用富含锌的食物，如豆类、牛肉、家禽、蚝、核桃、瓜子以及麦芽等。

2. 肠胃健康更美丽

美丽的基础是健康，健康的基础是饮食。所以说，女性要想与美丽相伴，首先要让肠胃健康。均衡的膳食是健康的第一大基石。女性要健康，就要记住以下八点饮食好习惯。

早起一杯白开水 白开水是人们平常生活中喝得最多的水，清晨起床饮一杯温热的白开水，不仅能对因晚上睡眠后体内水分由于生理上的散发而减少起到解渴、利尿的作用，不仅可以清洁肠道，还可以补充夜间失去的水分，也能使皮肤变得光滑细嫩。而且早上饮水能稀释血液，降低血黏稠度，促进血液循环，还能减少血栓危险，防止心脏病“高峰期”的心脑血管疾病的发生，这对于中老年人来说尤为重要。

早餐不能马虎 早餐提供半天的能量消耗，尤其是用脑量较大的职业女性如果不吃早餐，10点左右就会出现低血糖症状，如头晕、心慌等，而且这也会造成下一餐进食后的血糖和胃肠负担加重，增加胆囊疾病的发病率。早起饮食没有规律，还会造成身体变形，诱发各种疾病。所以，早餐不可马虎。

蔬菜水果多多益善 蔬菜和水果在饮食中是非常重要的。它们富含大量的营养物质，包括维生素、矿物质、抗氧化剂和植物纤维等。维生素和矿物质对人体健康可谓至关重要。因为如果你的身体中含有人体所必需的营养物质，那么你的身体就等于有“保健工具”在进行自我治疗。新鲜的蔬菜和水果是最佳的选择。所以，爱美的女性对于水果应该多多益善，每

天最好能吃 2～3 种水果。

爱上奶制品　如果你为了减肥而把奶制品从食谱上除名，那可就大错特错了。因为只有当你体内有足够多的钙时，才能快速燃烧脂肪。当你体内钙含量低时，就会分泌一种激素，它能促进脂肪的生成和贮藏。如果你食用富含钙质的奶制品，这种激素受到抑制，身体生成脂肪的量减少、燃烧脂肪的速度提高；特别是小腹，钙可以抑制一种与小腹脂肪堆积有关的激素生成。一般来说，女性从 25 岁后钙质开始渐渐流失，更年期后流失速度更快。所以，女性要多补充钙质，而多吃奶制品。

别忘食用红糖　红糖可以说是典型的物美价廉的补品，价钱便宜，但是却含有丰富的微量元素，对女性补血效果极好，所以，古时才有“女子不可百日无糖”的说法。红糖的好处在于“温而补之，温而通之，温而散之”，也就是我们俗称的温补。红糖所含有的葡萄糖释放能量快，吸收利用率高，可以快速地补充体力。红糖除了养生功效外，更因为红糖中含有一种“糖蜜”成分，具有强力的解毒功效，能将过量的黑色素从真皮层中导出，并通过淋巴组织排出体外。除此之外，也蕴含了胡萝卜素、核黄素、烟酸、氨基酸、葡萄糖等成分，对细胞具有强效抗氧化及修护的作用，能使皮下细胞在排除黑色素后迅速生长，更彻底达到预防黑色素生成、持续美白的效果。长期适量服用红糖，连皮肤都会靓丽起来。

3. 厌食症的饮食治疗

英国政府在最近宣布，禁止广告和杂志聘用“超瘦”模特儿，因为当局发现越来越多女性饮食失调，而传媒呈现的“超瘦”模特儿形象，导致女性失去自信与自尊。

据估计，英国每 100 万人当中，就有一人饮食失调，而且大多为女性。医学调查显示，目前全球各地已有越来越多女性为了追“瘦”而患上厌食症，最终还危及性命。而 8 个患上厌食症的病人中，有 7 个是女性。

在一个将骨感美等同于美感的时代，许多女性尤其是青春期的女孩子，总认为自己太胖，必须限制饮食，或认为越瘦越美，欣赏并追求苗条的身材，总是采取节食的方法。开始的时候仅仅是为了单纯的节食，以后逐渐发展成强烈的、以个性色彩所形成的自我强迫性饥饿，对脂肪有一种恐惧感，不仅食欲大大减退，甚至对食物产生厌恶。由于长期节食，使身体内化学成分改变，对身体形象产生扭曲的幻觉，对食物产生了厌烦情绪，甚至见了食物就呕吐，以致体重急剧下降。轻者消瘦、营养不良、闭经、抵抗力下降；重者全身功能紊乱、心动加速、卧床不起，需要送进医院治疗。如果体重下降到生病前的35%～40%时，心肌发生变化，可能突然死亡。

美国歌唱艺人“木匠”兄妹的凯伦·卡彭特以一首《昔日重现》驰誉世界歌坛。但鲜为人知的是，凯伦·卡彭特前后被厌食症折磨8年，32岁时因病情恶化导致心脏衰竭，终于不治。

厌食症并不是疾病引起的，也不是平常所说的“食欲不好”，而是由于精神因素所致，属神经性厌食范畴。由于这种厌食症的病因是精神因素，是错误观念所造成的，而这种观念又十分固执，很难改变。因此，需要精神科医生进行配合治疗。不过，最好的办法还是预防，只要树立正确的健美观，在健康的前提下追求美，就不会发生青春期厌食症。

一个人的成长必须得到营养的保证，消除影响生长发育中的各种有害因素。在各种影响因素中，最根本的是膳食营养。如过度节制饮食，人体得不到充足的营养素，不仅影响到人体内部各组织、器官的发育，还影响到各器官的功能。这必然会引起营养缺乏病的各种症状，如机体免疫力降低、体力下降、智力发育障碍等。过分节食还会引起体内新陈代谢失调，引起严重疾病甚至造成死亡。节食还可引起恶性循环，如节食后可引起食欲减退，胃液等消化液的分泌减少；消化液减少后更增加节食的欲望，使进食越来越少，甚至对食物产生厌恶感，直至食欲消退。

对有节食倾向的女性，要采取综合措施，进行合理的饮食指导，迅速改变其节食习惯。矫正节食，治疗神经性厌食症，不能采取强制措施使其进食，而要循序渐进，耐心诱导，使其尽快恢复正常饮食的信心，以免造成不可挽回的严重后果。

科学的饮食方法应该是通过控制热量的摄取，做到平衡膳食，并养成良好的生活方式，一味地靠节食来减肥是不可取的。对于减肥者来说，在日常生活的饮食中应注意以下七个方面：

平衡膳食 每天按计划均衡安排自己的饮食。同时，要注意定时，不可滥吃。要减慢吃饭的时间，最好不少于 20 分钟。

多喝水 每天要喝七八杯白开水，水对于身体的功能是最基本的，且无热量。

控制热量与脂肪 在膳食中应尽量减少肥肉，可适当地增加些鱼和家禽。如带鱼、牛、羊肉、兔肉等。

饮食要清淡 少吃盐，少吃那些经加工带有酱汁的食物。

常吃蔬果 要适量吃些含纤维多的水果、蔬菜和粗食。

热量负平衡 减肥的原则是热量的摄取量必须小于消耗量。

建立良好的生活方式，纠正以往的不良饮食和生活习惯 另外，厌食症患者应补充大量的维生素和矿物质，特别是维生素 B 族和锌。刚开始，可以依照少食多餐原则吃些水果、生菜和微量的干果、坚果类的食物，这些食品含有许多重要的营养素，又符合女性的“瘦身”理念，比较容易接受。最后，再逐渐让厌食症患者接受正常所饮食。

4. 只要美乳不要癌

乳腺癌是女性最常见的恶性肿瘤。据统计，每 10 万名女性中就有 23 个患有乳腺癌，且呈现逐步增高的趋势。乳腺癌的发病年龄多数在 40～60 岁之间。根据癌症协会预计，全球因癌症死亡的病例中有 1/3 源于不健康的饮食习惯和缺乏体育锻炼。根据科学的调查，乳腺癌的发病与饮食有着密切的关系，经常进食高脂肪、高糖饮食的女性发病率较高。

高脂肪膳食能够导致乳腺炎。膳食脂肪过多，可以刺激胆汁分泌增多，同时，还能够使大肠内的厌氧菌数量大大增加；胆汁进入肠道内被厌氧菌转化成胆酸、胆固醇以及代谢分解产物等，而这些物质均具有致癌作用。同时，这些脂肪是产生热能最高的物质，可导致体重增重、肥胖等，而肥胖与乳腺癌有直接的关系。

食物中缺碘导致乳腺癌。众所周知，饮食中缺碘会引起甲状腺肿，主要是甲状腺不能够合成足够的甲状腺素；而乳腺癌的发生与缺碘引起的激素变化有很大的关系，可引起乳房腺上皮细胞的过度增生，导致肿瘤产生。

多吃甜食促发乳腺病。长期摄入高糖食物，使血液内的胰岛素始终处于高水平状态，乳房吸收大量的胰岛素，就会对癌细胞的繁殖起推动的作用。

饮酒也能够导致乳腺癌。酒精能够刺激垂体中的激素分泌，从而加速细胞繁殖，增加了乳房对于肿瘤的易感性，从而形成了癌肿。

总之，有大量医学研究表明乳腺癌与饮食营养有密切关系，正确合理的饮食原则和习惯，可以减少患乳腺癌的危险性。

饮食保健是乳癌防治的一环，以下是根据众多临床数据研究后，所提供的 13 种饮食保健法，请选择应用，因为“预防就是最好的治疗”。

虽然到目前为止还没有确切的证据证明食物能够治疗乳腺癌或者预防乳腺癌，但是许多调查显示，食用或者避免食用某些食物确实对治疗或预防有所帮助。预防乳腺癌对任何人都是非常重要的，那么就让健康饮食计划中富含抗癌物质的食物，帮助你保持健康的体魄与生活。

饮食要有节，不宜过量　应在保证营养需要的前提下，恪守饮食有节不过量的原则。在饮食安排上，对每天的总摄入热量、脂肪以及糖的量都要做到胸中有数，切忌暴食暴饮。

每天一匙亚麻籽　亚麻籽有很强烈的坚果味道，含有这两种物质木酚素和 OMEGA－3 脂肪酸，可以帮助预防乳腺癌。一项由 3000 多名女性参加的研究显示，经常食用富含木酚素食品的女性比其他女性患乳腺癌的几率低 33％。

每天一份或多份低脂或脱脂奶制品　女性每日至少食用一份低脂奶制品，可以减少更年期前患乳腺癌的几率达 1/3。

每天 4～6 份高纤维食物　高纤维的食谱意味着体重减轻，从而起到降低乳腺癌危险的作用。

保证足够的蔬菜和水果　研究显示蔬菜和水果富含植物化学物质，这些物质帮助抵御包括乳腺癌在内的各种疾病。

经常饮绿茶　虽然有些人不喜欢绿茶的味道，但每周饮用 3 杯绿茶非常有益。绿茶可以减缓癌细胞的生长。南加州大学的一项研究发现，每周饮用 3～4 茶杯绿茶的女性比不饮用绿茶的女性患乳腺癌的几率低 40％。

经常食用鱼类 冷水鱼富含OME以－3脂肪酸，可以通过杀死早期乳腺癌细胞从而预防乳腺癌。研究发现，每日食用至少50g鱼类的女性比极少或根本不食用鱼类的女性患乳腺癌的危险低26%。

远离糖类 饮料和垃圾食品中的精制糖影响身体中胰岛素水平，研究显示，身体中胰岛素水平较高的女性更容易癌症复发。

拒绝酒精 酒精能够增加患乳腺癌的危险，每天饮用1～3杯酒的女性患乳腺癌的几率比其他人高10%。

保持健康的体重 在成人阶段体重超标高于15kg的女性患绝经期乳腺癌的危险比其他女性高1倍。怀孕期间同样需要注意体重，如果体重增加多于10kg，而生育之后却没能够成功减下来，那么这样的女性绝经后患乳腺癌的危险比其他女性高40%。

5. 让便秘从身边走开

每天排便顺畅是身体健康的基本条件，人们想拥有健康亮泽肌肤，也与肠内健康及排便状况有关。

虽说便秘不是什么大病，但它的危害是不可忽视的。人体内的毒素，主要是通过粪便排出体外。长期便秘，体内毒素不能及时排出，可诱发各种疾病。

对于女性来说，便秘会增加女性体内毒素，导致机体新陈代谢紊乱、内分泌失调及微量元素不均衡，从而出现皮肤色素沉着、瘙痒、面色无华、毛发枯干等现象，并产生黄褐斑、青春痘及痤疮等。

便秘还会引起轻度毒血症症状，如食欲减退、精神萎靡、头晕乏力，久之又会导致贫血和营养不良。经常排便用力，还会促使痔疮的形成。对于女性来说，便秘可使乳房组织细胞发育异常，增加诱发乳腺癌的可能性，每天排便的女性患乳腺癌的概率为5%，每周排便2次以下的女性患乳腺癌的概率为25%。

女性由于活动量少，饮食精细，加之其自身的生理特点等原因，相对男性来说更容易患便秘。有资料显示：大约有1/4的成年人在3个月内曾发生过便秘，其中女性便秘的发生率是男性的2倍。而且，女性便秘发病率有上升趋势。女性患便秘者多于男性的原因主要是因为生理解剖上的差别——女性子宫在盆腔内挤压直肠，使直肠的弯曲度增大，大便通过比男性慢，因而容易产生便秘。

很多人认为，便秘吃点泻药就可以解决问题。其实不然，服用轻泻药后，肠内有害菌反作用于药物而激增，毒素随即大量产生，而且轻泻药会令身体大量缺水，令人易倦及衰老。

睡前喝杯酸奶对补充肠道内的益生菌，恢复肠道内的微生态平衡很有益处。要解除便秘痛苦，还要多吃些含纤维素多的蔬菜水果，最好每天吃二次甘薯，甘薯中维生素 C 含量是苹果、葡萄、梨的 10～30 倍，胡萝卜素的含量是马铃薯、芋头、玉米的 600 倍以上，甘薯中的纤维素在肠内能吸收大量水分，增加粪便体积，解除便秘的作用不亚于用药。

6. 痛经女性饮食秘诀

痛经是女性的一种常见病，她们在行经前后或经期，出现下腹及腰骶部疼痛，严重者腹痛剧烈、面色苍白、手足冰冷，甚至昏厥，这就是“痛经”，也叫做“行经腹痛”。痛经常持续数小时或 1～2 天，一般经血畅流后，腹痛缓解。

中医认为，痛经多因气血运行不畅或气血亏虚所致。饮食疗法能起到较好的防治作用。

痛经患者在月经来潮前 3～5 天内饮食宜以清淡易消化为主。应进食易于消化吸收的食物，不宜吃得过饱，尤其应避免进食生冷食品，因生冷食品能刺激子宫、输卵管收缩，从而诱发或加重痛经。

月经已来潮，则更应避免一切生冷及不易消化和刺激性食物，如辣椒、生葱、生蒜、胡椒、烈性酒等。此期间，女性可适当吃些有酸味的食品，如酸菜、食醋等，酸味食品有缓解疼痛的作用。

此外，痛经者无论在经前或经后，都应保持大便通畅，并尽可能多吃些蜂蜜、香蕉、芹菜、白薯等，这是因为便秘可诱发痛经和增加疼痛感。有人认为，痛经者适量饮点酒能通经活络、扩张血管，使平滑肌松弛，对痛经的预防和治疗有作用。

如经血量不多可适量地饮一些葡萄酒，能缓解症状，在一定程度上还能起到治疗作用。葡萄酒由于含有乙醇而对人体有兴奋作用。因此，情志抑郁引起痛经者，适当时喝点葡萄酒，能够起到舒畅情志、疏肝解闷的作用，使气机和利。

另外，葡萄酒味辛甘性温，辛味能散能行，对寒湿凝滞的痛经症，可以散寒祛湿、活血通经；甘温能补能缓，对气血虚弱而致的痛经，又能起到温阳补血、缓急止痛的效果。

痛经患者平时饮食应多样化，不可偏食，应经常食用些具有理气活血作用的蔬菜水果，如荠菜、洋兰根、香菜、胡萝卜、橘子、佛手、生姜等。身体虚弱、气血不足者，宜常吃补气、补血、补肝肾的食物，如鸡、鸭、鱼、鸡蛋、牛奶、动物肝脏、鱼类、豆类等。